APELAÇÃO CÍVEL

B739a   Bortowski, Marco Aurélio Moreira
        Apelação cível / Marco Aurélio Moreira Bortowski.
        — Porto Alegre: Livraria do Advogado, 1997.
        170 p.; 14 x 21 cm.

        Inclui bibliografia
        ISBN 85-7348-035-1

        1. Apelação cível. I. Título.

                                            CDU 347.956

        Índice para catálogo sistemático
        Apelação cível

        (Bibliotecária responsável: Marta Roberto, CRB 10/652)

Marco Aurélio Moreira Bortowski

APELAÇÃO CÍVEL

livraria
DO ADVOGADO
editora

Porto Alegre
1997

© Marco Aurélio Moreira Bortowski, 1997

Capa, projeto gráfico e diagramação de
Livraria do Advogado / Valmor Bortoloti

Revisão de
Rosane Marques Borba

Direitos desta edição reservados por
Livraria do Advogado Ltda.
Rua Riachuelo, 1338
90010-273 Porto Alegre RS
Fone/fax: (051) 225 3311
E-mail: liv_adv@portoweb.com.br
Internet: http://www.liv-advogado.com.br

Impresso no Brasil / Printed in Brazil

Dedico à Maria Bernardete, minha esposa, pelo inabalável estímulo e espírito de convivência. A Guilherme e Martina, meus filhos, pelo incentivo de realizar alguma coisa e não passar pela vida sem nada deixar.

Agradeço, sinceramente, a Bel. Simone Franco pela preciosa ajuda nas pesquisas doutrinárias e jurisprudenciais e a meu pai, Bel. Phidias Bortowski, também pela inestimável ajuda.

Um agradecimento muito especial ao Dr. Juarez Freitas, a quem tive a ventura de reencontrar, não mais como colega, mas como mestre, pela orientação na dissertação de mestrado.

Prefácio

A Academia precisa produzir discursos concatenados e, ao mesmo tempo, deve almejar, sem abdicação do rigor, a máxima efetividade à ciência jurídica, já no plano da descrição, já em suas inelimináveis notas prescritivas. Nesta senda, prefacio, com extremo júbilo, o livro de estréia do colega Marco Aurélio Bortowski. Sem dúvida, este trabalho veio ocupar um espaço relevante nas letras jurídicas nacionais e o fez sendo a oportuna versão literária de sua dissertação de Mestrado, aprovada com o grau máximo na Pontifícia Universidade Católica do Rio Grande do Sul – em Banca que tive a honra de presidir –, mercê de sua seriedade e da clara aptidão para contribuir à compreensão e ao aprimoramento do instituto em tela, mormente porque não se furtou o Autor, aqui e acolá, de arriscar as referidas prescrições, sem prejuízo do inafastável esforço sistematizador. Desta maneira, enfrentou, de modo coerente, temas de pronunciada repercussão empírica, há décadas se ressentindo da carência monográfica específica.

Temos, portanto, sobre a palpitante Apelação Cível, um belo trabalho que, doravante, não poderá deixar de ser citado por quem queira se debruçar, demoradamente, sobre tal matéria, cuja singeleza, em verdade, resta só aparente. Há, com efeito, complexas e interessantes questões, das quais não se evadiu o ilustre processualista e professor. Fiel, desde o início, às esposadas premissas conceituais de Apelação ("remédio jurídico posto à disposição das partes, do Ministério Público ou de um terceiro interessado, pela lei, a viabilizar, dentro da mesma relação jurídico-processual, o exame de uma possível anulação ou reforma da sentença que extingue o procedimento de primeiro grau, que tenha ou não resolvido o mérito") e em necessária conexão científica com o seu conceito de recurso *lato sensu*, o Autor situou, como se impunha, o tema na perspectiva histórica.

Cuidou também de examinar, sem perda da correta visada de conjunto, os pressupostos de admissibilidade da Apelação, esmiuçando os seus requisitos intrínsecos e extrínsecos, sempre cuidadoso de nada negligenciar em termos de pesquisa jurisprudencial, indispensável postura de quem assume o desiderato de captar o Direito em sua vitalidade.

É, sobremaneira, no Capítulo dedicado aos efeitos da Apelação, que o trabalho parece mais provocante e desafiador, ao albergar – oferecendo aporte crítico e meritórias argumentações – os efeitos expansivo (subjetivo e objetivo), translativo e substitutivo, para além dos tradicionais efeitos suspensivo e devolutivo. Nada importa se se instaurar, neste ou naquele passo, ligeira diferença de angulação. O certo é que o leitor será confrontado com meditação convicta e instigante a propósito da classificação dos efeitos. Especialmente, aliás, as suas ponderações acerca do "problemático" efeito translativo soam propícias ao debate fecundo e, não menos digna de nota, a sua abordagem relativa ao efeito da apelação interposta contra sentenças conexas. Por igual, de ser realçada, ao longo da obra, sua justificável preocupação com a atualidade do enfoque no que concerne, por exemplo, à antecipação da tutela ou ao referir temas como o juízo arbitral, ainda que de passagem.

Outrossim, à guisa de ilustração, merece referência o Capítulo destinado à imprescindível detença procedimental da apelação em segundo grau, notadamente ao destacar a mudança introduzida no art. 557 do CPC, por sua acentuada aplicabilidade. Ainda de menção forçosa para induzir o leitor ao estudo atento e proveitoso do presente trabalho, destacam-se suas polêmicas propostas de *lege ferenda* para os arts. 511 e 520 do CPC, que versam respectivamente sobre o preparo e as preconizadas restrições legais ao efeito suspensivo, ainda que estas últimas, no meu entender, já se configurem implícitas no atual sistema. Enfim, por tudo o que pincei ilustrativamente e por se tratar de obra que preenche os requisitos apontados para um trabalho jurídico bem sucedido, a saber, concatenação interna e simultânea vocação para colaborar, concretamente, no sentido do aperfeiçoamento do instituto em análise, tenho a convicção de que o presente livro estará fadado a suscitar a reflexão madura, o diálogo benfazejo e a colmatar, em louvável medida, a mencionada lacuna nesta relevante província temática do Direito brasileiro.

Dr. JUAREZ FREITAS

Professor do Mestrado de Direito da PUC/RS, da UFRGS
e da Escola Superior da Magistratura - AJURIS

Sumário

Introdução 13
CAPÍTULO I
1. Apelação: evolução histórica 17
   1.1. Os primórdios da apelação 17
   1.2. A apelação no Direito Romano 21
   1.3. A apelação no Direito Medieval 28
   1.4. A apelação no Direito Luso-Brasileiro 31
   1.5. As Ordenações 33
   1.6. A legislação processual brasileira pós-independência ... 36
   1.7. A Constituição Federal de 1934 e
        Código de Processo Civil 42
   1.8. A Constituição Federal de 1937 e o
        Código de Processo Civil 44
   1.9. O Código de Processo Civil de 1973 45

CAPÍTULO II
2. Conceito do recurso de apelação 47
   2.1. Conceito da apelação 47

CAPÍTULO III
3. Dos pressupostos de admissibilidade do recurso de apelação 61
   3.1. Introdução ao tema 61
   3.2. Requisitos intrínsecos de admissibilidade 68
       3.2.1. Cabimento do recurso 68
       3.2.2. Legitimidade para recorrer 76
       3.2.3. Do interesse em recorrer 83
   3.3. Requisitos extrínsecos de admissibilidade 90
       3.3.1. Tempestividade 90
       3.3.2. Regularidade formal 96
       3.3.3. Da inexistência de fato extintivo ou
              impeditivo ao poder de recorrer 101
       3.3.4. Do preparo 107

CAPÍTULO IV
4. Dos efeitos da apelação 113
  4.1. Introdução ao tema 113
  4.2. Do efeito devolutivo 114
  4.3. Do efeito translativo 120
  4.4. Do efeito suspensivo 126
    4.4.1. Efeito suspensivo e apelação parcial 133
    4.4.2. Do efeito da apelação interposta contra sentenças que julgam ações conexas 134
    4.4.3. A antecipação da tutela e o efeito suspensivo da apelação 135
    4.4.4. O parágrafo único do art. 558, CPC, e a apelação 139
  4.5. Do efeito expansivo 141
  4.6. Do efeito substitutivo 143

CAPÍTULO V
5. Procedimento do recurso de apelação em segundo grau ... 145
  5.1. Questões de fato novo não suscitadas por motivo de força maior 145
  5.2. A decisão monocrática do relator que não conheceu do recurso, julgou-o prejudicado ou contrário à súmula do respectivo Tribunal ou de Tribunal Superior 149
  5.3. Do procedimento apelatório propriamente dito no segundo grau 152

Conclusões 159

Bibliografia 165

Introdução

O objetivo da presente obra é estudar, sistematicamente, o recurso de apelação cível, tecendo considerações sobre as regras que disciplinam o instituto, considerado pela doutrina como o recurso por excelência. Pensamos não ser conveniente, para melhor compreensão e análise do instituto, estudarmos o denominado "recurso adesivo" na apelação, tal como dispõe o art. 500, inciso II do CPC. Este recurso é sempre subordinado a outro, denominado principal. Por vezes, o recurso adesivo é interposto em razão de apelação manejada pelo adversário. Mas, nem sempre assim é, como atestam as hipóteses elencadas no inciso II do art. 500 do CPC, a permitir o adesivo em face dos recursos de embargos infringentes, especial e extraordinário. Sempre que reputamos imprescindível qualquer menção a ele, assim o fizemos.

Por outro lado, o "recurso adesivo" não pode ser equiparado à apelação. Não se pode confundir, como querem alguns setores da doutrina, o "adesivo" e a apelação, e tampouco denominá-lo de "apelação adesiva". Esses recursos são diversos, como também o são seus pressupostos.

Recebeu tratamento de certa forma destacado o relato histórico e evolutivo do instituto em estudo. Vários motivos justificam esse procedimento. O conhecimento e a análise de suas origens facilitam sobremaneira a sua compreensão e aplicação prática. A história do instituto e sua evolução contribuem, em muito, no resgate de conceitos equivocadamente lançados e na formulação de alterações no regramento em vigor. Muitas vezes é absolutamente conveniente o retorno ao passado, pois ali encontramos as respostas para o presente e futuro.

A obra não tem a finalidade de examinar a teoria geral dos recursos e tampouco os princípios gerais que a sustentam, como salta à vista. Porém, em determinadas ocasiões, em seu desenvolvimento, fez-se necessária a incursão à teoria geral e aos princípios gerais dos recursos, como substrato para a resolução das questões controvertidas, ou para facilitar o entendimento dos temas propostos.

Quanto ao método usado na elaboração da obra, é forçoso concluir que o exame da doutrina era conseqüência inevitável. Todas as questões formuladas encontraram eco na literatura processual civil consultada. Todavia, a jurisprudência, como fonte de direito que é, não poderia deixar de ser referida, tendo fornecido inestimável contribuição ao deslinde das controvérsias doutrinárias.

As conclusões são deduzidas na medida em que os temas são enfrentados, como se depreende da leitura do texto. Há, no final, uma síntese conclusiva dos pontos. Eventualmente, alguma conclusão mencionada no corpo do trabalho poderá não ter sido aludida na síntese final. Isso não foi obra do acaso, mas uma conduta consciente, porque reputamos salutar a menção apenas das conclusões principais.

A esta altura, é conveniente dizer que os temas tratados o foram à luz do direito positivo brasileiro, porque o legislador pode ampliar ou restringir os meios de impugnação, pela aplicação do princípio da taxatividade recursal, como reconhece a doutrina pátria.

Em várias notas-de-rodapé alude-se a bibliografia a respeito de pontos incidentemente examinados no decorrer da exposição, cuja relevância, para os fins do trabalho, era mínima. Procedeu-se desta forma com o objetivo de permitir ao leitor ciência, de antemão, da literatura disponível, facilitando-lhe a consulta.

Algumas palavras devem ser pronunciadas quanto ao plano geral do trabalho.

Pelos motivos anteriormente expostos, trouxe-se à balha o exame histórico do instituto.

Formulamos um conceito do recurso de apelação. Há, com efeito, salutar importância científica neste procedimento. De um lado, afasta-se qualquer inexatidão legal ou doutrinária; de outro, limita-se a incidência do instituto às hipóteses previamente estabelecidas, com a nítida intenção de estancar qualquer dúvida. A estratégia adotada, destarte, para essa empreitada, não poderia ser diferente: partiu-se do conceito genérico de recurso, segundo a dogmática processual brasileira, para o específico da apelação, particularizando-se os pontos em comum.

Os pressupostos de admissibilidade da apelação foram examinados e estudados de *per si*, em capítulo destacado. Com isso, a obra ganhou em compreensão e melhor sistematização, na medida em que aqueles (os pressupostos) tiveram um tratamento voltado exclusivamente para o recurso de apelação.

Os efeitos da apelação, também, foram tratados em capítulo especial. Era importante, no plano científico, que assim fosse feito, porque, na atualidade, não se fala em dois efeitos da apelação apenas - o devolutivo e o suspensivo. Estes são insuficientes para explicar alguns fenômenos recursais, tais como a possibilidade de o órgão julgador *ad quem* examinar, de ofício, questões como "a carência de ação", "a exceção de coisa julgada", "a decadência do direito", etc. A doutrina, atualmente, não pode deixar de reconhecer que há mais do que dois efeitos no recurso de apelação. É imperioso que se fale dos efeitos translativo, expansivo e substitutivo, traçando-se os perfis dos mesmos e suas conseqüências processuais.

No exame do procedimento da apelação em 2º grau, foi tratada questão complexa, a saber: fatos novos não suscitados perante o juiz *a quo*. Deu-se-lhe solução doutrinária e jurisprudencial.

Desejo, finalmente, referir que o presente livro é uma versão da nossa dissertação de Mestrado. Várias adaptações foram feitas, com o sentido de tornar a obra voltada para o dia-a-dia do profissional.

Capítulo I

1. Apelação: evolução histórica

1.1. Os primórdios da apelação

O homem realiza a história. Ela também o realiza. Ao abordar a história, traçamos o presente e antevemos o futuro. Tudo no homem é passado, presente e futuro. Portanto, examinar a história de um determinado instituto, especialmente no mundo jurídico, representa mostrar publicamente o grau de desenvolvimento da sociedade. Descobre-se o próprio homem. Impõem-se, com certeza, algumas considerações sob o ponto de vista do passado do instituto a ser examinado na presente obra. Não se pretende, como advertido, esgotar a matéria, pois tal enfoque dissentiria, em muito, de nosso objetivo. A gênese e a história de qualquer instituto jurídico revelam, sem dúvida, a evolução político-social de um povo. A dominação exercida por esse povo, qualquer que seja a origem, projeta-se *ad extra*, com precisa e segura influência nos demais povos da civilização, sobretudo quando a dominação se caracteriza pelo exercício da subjugação.

Não parece equivocado sustentar-se a idéia de que o recurso possa ter nascido com o próprio homem, precisamente no momento em que ele se sentiu objeto de uma injustiça. Parece inequívoco ter despontado a necessidade do recurso mais em decorrência de uma exigência lógica do homem. No exato instante em que ele exercitou, mesmo que rudimentarmente, o direito de ação e, em conseqüência do julgamento proferido, viu-se inconformado com tal decisão, brotou-lhe o desejo incontido da revisão. Não há, todavia, como se estabelecer uma época clara atinente ao nascimento do recurso. Tudo leva a crer, pois, que as origens do recurso se estendem às mais remotas épocas da humanidade[1]. É preciosa a leitura da Bíblia, em assentadas que retratam situações de valor igual a um verdadeiro recurso, tal como se vê no Livro do Êxodo[2], em passagem na qual Moisés dialoga com seu genro Jetro:

"Escuta-me: Vou dar-te um conselho, e que Deus seja contigo! Tu serás o representante do povo junto de Deus, e levarás as questões diante de Deus: ensinar-lhes-às suas ordens e suas leis, e lhes mostrarás o caminho a seguir e como terão de comportar-se. Mas escolherás do meio do povo homens prudentes, tementes a Deus, íntegros, desinteressados, e os porás a frente do povo, como chefes de mil, chefes de cem, chefes de cinqüenta e chefes de dezenas. Eles julgarão o povo em todo o tempo. Levarão a ti as causas importantes, mas resolverão por si mesmos as causas de menor importância. Assim, aliviarão a tua carga, levando-a contigo".

No Deuteronômio, também se encontra uma noção primeira de recurso, como se observa na seguinte passagem:

"Se aparecer uma questão cujo juízo te seja muito difícil de fazer, assassinato, disputa, ferida, um processo qualquer em tua cidade, terás o dever de subir ao lugar escolhido pelo Senhor, teu Deus. Irás

---

[1] Alcides de Mendonça Lima, *Introdução aos Recursos Cíveis*, São Paulo: Revista dos Tribunais, 1976, pp.1-2, e Antônio Fernandes Trigo de Loureiro, *Manual de Appellações e Aggravos*, Rio de Janeiro: Eduardo E. Henrique Laemmert, 1872, p. 1. A apelação tem fundamento no direito natural.

[2] Frei João José Pedreira de Castro(O.F.M.), Bíblia Sagrada, cap. XVIII, versículos 18 a 22, p.119.

ter com os sacerdotes da linhagem de Levi e com o juiz que estiver em exercício nesse momento, consultá-los-ás, e eles te dirão a sentença (a pronunciar)."[3]

Os historiadores do Direito não se cansam de repetir que, nos primórdios, as decisões proferidas eram imunes a qualquer ato impugnativo. Tal situação decorria de um colorido acentuado de religiosidade no processo nas primeiras culturas do oriente, advertindo Eduardo Couture, a seu turno, que "el fenómeno de los recursos no se concibe, porque el juicio es una expresión de la divinidad y tiene el carácter infalible de ésta."[4]

Retrato desse pensamento é, emblematicamente, representado pelo Código de Hamurabi. Nele, o Direito era executado sob o manto da divindade, cuja figura na terra era representada pelo rei.

Assinala Luiz Carlos Azevedo[5], em obra fundamental quanto ao aspecto histórico do instituto da apelação, que há fragmentos históricos importantes encontráveis na organização institucional da população egípcia acerca da possibilidade do direito ao recurso, bastando lembrar a Corte Suprema, composta por trinta membros, cujas escolhas eram levadas a cabo por Tebas, Mênfis e Heliópolis[6]. Relembra que mais caracteristicamente se denota o direito de recorrer na legislação oriunda de Móises. Menciona a existência de uma jurisdição superior, cuja finalidade era afastar as influências da localidade nas decisões adotadas. Essa jurisdição denominava-se Sinédrio, órgão colegiado composto de

---

[3] Frei João José Pedreira de Castro(O.F.M.). op. cit., cap. XVII, versículos 8-9, p. 233.

[4] Eduardo José Couture, *Fundamentos del Derecho Procesal Civil*, Montevidéu: Depalma, 3ª ed., 1993, p. 348.

[5] Luiz Carlos Azevedo, *Origem e Introdução da Apelação no Direito Lusitano*, São Paulo, 1976, p. 32.

[6] Sérgio Bermudes, *Curso de Direito Processual Civil (Recursos)*, Rio de Janeiro: Borsoi, 1972, p. 15.

setenta juízes escolhidos dentre os anciões de Israel, e que, além de outras atribuições, conhecia das causas decididas por instâncias inferiores[7].

Nas Leis de Manú, encontramos no Livro VIII, v.1, a clara reafirmação de uma aura divina e sobrenatural que permeava a distribuição da justiça naquela época, quando se declarava que o rei deveria ser assessorado no Tribunal por brâmanes e conselheiros experientes[8].

Na Grécia antiga, onde imperava uma nova ordem que regia a democracia ateniense, Solon fez uma reforma social e política, criando a Assembléia Popular e o Conselho dos Quatrocentos, instalando o Tribunal dos Heliastas ou Dicastas, cuja composição variava entre cinco a seis mil integrantes, todos sorteados anualmente, e divididos em dez seções[9], com atribuições de conhecerem as apelações de magistrados inferiores. Esse Tribunal foi, com o passar do tempo, abrangendo todas as atividades judiciárias[10]. Interessante notar, por outro lado, que a criação desse Tribunal decorreu do tratamento concedido aos administradores como servidores da lei, definição esta que se deu por escrito. Assim, pôs-se em prática a idéia do governo das leis, gerando uma responsabilidade dos servidores da lei perante um tribunal público. Afirma Sir Ernest Barker[11], que Solon "tornou o povo soberano do veredito", instituindo, por assim dizer, a democracia no âmbito judicial.

Parece certo, ademais, afirmar que neste panorama histórico-recursal desde as épocas mais primitivas até a antevéspera do Império Romano, não se cuidava de falar do recurso de apelação como hoje o conhecemos. Aliás,

---

[7] Luiz Carlos Azevedo, op. cit., p.32.

[8] Ibidem, p. 32.

[9] Idel Becker, *Pequena História da Civilização Ocidental*, São Paulo: Companhia Editora Nacional, 5ª ed., 1972, pp.121 e 124.

[10] Luiz Carlos Azevedo, op. cit., p. 34.

[11] Sir Ernest Barker, *Teoria Política Grega*, Brasília: Universidade de Brasília, 2ª ed., 1978, pp. 51 e 52.

seria pouco razoável pretender-se que a civilização grega, tão preocupada com a *polis* e com os seus pensamentos especialmente voltados à Política e à Filosofia, fosse contribuir, definitivamente, com o Direito Privado e os elementos organizativos da atividade processual-jurisdicional[12].

De qualquer maneira, em menor medida, concede-se que aos romanos foi legada a árdua tarefa de empreender a obra monumental de construção sistematizadora de todo o arcaboiço jurídico.

1.2 A apelação no Direito Romano

O surgimento do recurso de apelação remonta ao Direito Romano. Embora alguns autores neguem a existência, na sociedade primitiva romana, de meios de impugnação com marca de um recurso propriamente dito, outros sustentam a ocorrência de mecanismos jurídicos aptos a, sob certo ponto de vista, originarem um efeito semelhante ao do recurso de apelação[13].

Pode ser apontado, como termo inicial da história do Direito Romano, o ano 754 a.C.[14] O estudo do Processo Civil, em Roma, representa o estudo do processo, com nota tipicamente privada. O processo vai lentamente evoluindo, acompanhando, com efeito, a história de Roma, com suas alterações políticas, religiosas e sociais. Reconhece-se que há três períodos, ou fases, pelas quais passa o processo civil romano: inicia-se na estrutura das denominadas *legis actiones*, passando pelo

---

[12] Luiz Carlos Azevedo, op. cit., p. 35.

[13] A razão parece estar com a corrente doutrinária que sustenta a ocorrência de mecanismos jurídicos que originaram um efeito semelhante ao do recurso de apelação, tal como pensa Alcides de Mendonça Lima, op. cit., p. 4.

[14] Teresa Celina Arruda Alvim Pinto, *Agravo de Instrumento*, São Paulo: Revista dos Tribunais, 1ª ed., 1991, p.14.

período formulário, atingindo a chamada *extraordinaria cognitio*[15].

É oportuno para a melhor compreensão da evolução do Direito Romano e, em conseqüência, dos institutos jurídicos, em especial da apelação, a indicação da época de cada fase, em sua relação com as diversas formas de governo no período romano.

A época de cada fase pode ser assim posta:
a) o período das *legis actiones* de 754 a.C. até por volta de 149 a.C.;
b) o período do processo formulário de 149 a.C. até 209 d.C.;
c) o período da *extraordinaria cognitio* de 209 d.C. até 568 d.C.

No que tange à divisão histórica do Direito Romano, tomando-se como enfoque as diferentes formas de governo, tem-se a seguinte classificação:

1º: o Período Real, que transcorreu das origens de Roma à queda da Realeza, em 510 a.C. Segundo a tradição, Roma teria sido fundada em 754 a.C.;

2º: o Período Republicano, que transcorreu de 510 a.C. a 27 a.C. Neste ano, o Senado investe Otaviano no poder absoluto com o nome de *princeps;*

3º: Período do Principado, desde 27 a.C. a 285 d.C., com o início do dominato de Diocleciano;

4º: Período do Dominato, de 285 d.C. a 565 d.C., ocasião em que morre Justiniano[16].

Como é possível observar, durante o período real do Direito Romano tínhamos apenas, no processo civil, o sistema da *legis actiones*. No período da Realeza, o rei era o magistrado único, vitalício e sem qualquer responsabi-

---

[15] Humberto Cuenca, *Proceso Civil Romano*, Buenos Aires: 1957, p.12. Segundo ele,"no es posible trazar un deslinde nítido, pues a menudo unos invaden la esfera de otros".

[16] José Carlos Moreira Alves, *Direito Romano*, Rio de Janeiro: Forense, 4ª ed., v. I, p.2.

lidade pelos atos que praticava[17]. Tinha, todavia, auxiliares nas funções políticas, judiciárias e religiosas. Nas funções judiciárias, os *duouiri perduellionis* auxiliavam o rei nos crimes de traição ao Estado e os *quaestores parricidii* nas situações de assassinato voluntário de um chefe de família[18].

Na fase da República[19], o processo se desdobra em duas estruturas: *legis actiones* e *formulário*. Nesta fase, o rei foi substituído por dois magistrados que eram eleitos anualmente. Os *iudices*, em tempo de paz, e os *praetores*, quando em guerra. Os magistrados romanos podiam promulgar editos. Os magistrados com atribuições judiciárias eram os mais importantes na elaboração do direito. Dentre todos eles, realça-se a figura do Pretor Urbano[20]. Em 17 a.C., altera-se o sistema das *legis actiones* para o processo por fórmulas.

No período republicano, embora fosse admissível o uso de um remédio com o fito de impugnar uma decisão, o pensamento vigorante era no sentido de a impugnação ser um ato que representava falta de respeito.

Das decisões tomadas, era permitida a interposição de uma inconformidade para o povo, que estava reunido em Assembléia. Tratava-se da *provocatio ad populum*. Esse recurso era um meio de impugnação na órbita criminal, pois supunha a condenação de um romano proferida por um julgador criminal, sendo considerado como o primeiro recurso de que se tem notícia no processo romano.

É bom frisar, como se depreende do estudo atento da literatura referente ao Direito Romano, que nos dois

---

[17] Refere José Carlos Moreira Alves, op. cit., p. 9, nota de rodapé 6-b, que o poder total e de natureza absoluta do rei é contestado por setores da doutrina.

[18] Ibidem, p. 9.

[19] Durante o período da República, surgiu a famosa Lei das XII Tábuas como freio ao arbítrio dos magistrados patrícios contra a plebe.

[20] Os magistrados em Roma eram: *praetor* (urbano e peregrino) e os *edis curuis*. Nas províncias, os governadores e os questores.

primeiros períodos do processo romano, isto é, na *legis actiones* e *no formulário*, das decisões proferidas não se aceitava qualquer irresignação, dado que essas decisões eram originárias da soberana vontade da opinião popular[21]. Durante o principado, o *princeps* era em Roma apenas o primeiro cidadão, mas nas províncias, ao revés, tinha poderes absolutos, estando ele acima de qualquer instituição ou lei. Paulatinamente, porém, os imperadores romanos vão estabelecendo o seu poder absoluto até mesmo em Roma.

Os autores elencam a *intercessio, revocatio in duplum* e a *restitutio in integrum* como meios de inconformidade. A *intercessio (ou intercessio tribunicia)* não estava dotada de nenhuma força contra a sentença, principalmente tomando-se em linha de conta a natureza das funções exercidas pelo *iudex privatus*. Sua eficácia era apenas negativa, anulando o ato. Era originária da intervenção de um magistrado para impedir que uma decisão de outro magistrado fosse cumprida. A *revocatio in duplum*, por seu turno, não se assemelhava em nada com a apelação, pois era um meio de defesa do demandado na *actio indicati*, sustentando que a sentença era nula por vício de forma ou de fundo[22]. Finalmente, a *restitutio in integrum*[23] era instituto que se destinava a rescindir a sentença, de molde a restituir as coisas ao *status quo ante*. Não se prolatava nova decisão, a despeito de a *restitutio in integrum* provocar a revisão da sentença.

---

[21] Interessante paralelo traça Luiz Carlos Azevedo, op. cit., p.4, demonstrando a harmonia de princípios entre as decisões do Tribunal dos Heliastas, na Grécia antiga, com as do *iudex* do processo das *legis actiones* e formulário.

[22] Sobre a existência desse instituto, Humberto Cuenca, op. cit., p. 105, afirma que: "Un recurso muy antiguo y muy oscuro que según Cicerón tuve vigencia en el sistema formulario, pero cuja existencia ha sido discutida por otros autores, es la revocación por el doble."

[23] José Rogério Cruz e Tucci, intitulado *Breves anotações sobre a 'Restitutio in integrum' e o Processo Acusatório Romano*, publicado na Revista Justitia, v. 122, p. 53.

O instituto da apelação é uma criação do Império, que nasce no âmbito do processo da *cognitio extra ordinem*. Como bem observa Riccardo Orestano:

"L'introduzione e affermazione dell'appello presupone, implica e determina un superamento di quella concezione privatistica del processo che aveva caratterizzato i sistemi processuali delle considdette legis actiones e in larga parte anche della procedura formulare"[24]

Como conseqüência, senão a mais importante, pelo menos a mais significativa do superamento daquela concepção privatística do processo, sucedeu uma progressiva submissão do juiz à norma, especialmente em primeiro grau de jurisdição.

A passagem do sistema da *ordo iudiciorum privatorum* para a *cognitio extra ordinem* resultou na supressão das duas fases que constituem o processo no primeiro sistema, ou seja, *in iure* e *apud iudicem*[25]. A partir de então, o processo passou a ser uma unidade, restando a aplicação do Direito por um magistrado ou por um funcionário. Em verdade, o pretor passa a ser o único condutor do processo, desde o início até a decisão final.

Por outro lado, fixar-se a exata época da introdução da apelação é tarefa muito difícil, senão impossível. Em primeiro lugar, porque na estrutura da *cognitio extra ordinem* havia a impregnação de muitos princípios do antigo sistema da *ordo iudiciorum privatorum*. Em segundo, porque eram apeláveis "non solo le sentenze già rese in primo grado extra ordinem, ma anche quelle della procedura formulare, altrimenti inattaccabili", no correto dizer de Riccardo Orestano[26].

---

[24] Riccardo Orestano, *Appello, Novissimo Digesto Italiano*, Editrice Torinese, p. 725.

[25] Luiz Carlos Azevedo, op. cit, p. 42.

[26] Ibidem, p. 724.

O instituto passa a apresentar um delineamento mais claro a partir do momento em que Otávio assume o poder em razão da morte de Antônio, por volta do ano 30 a.c. Teria o Senado, então, concedido extremos poderes a esse tribuno, dentre os quais o de julgar, em grau de apelação, os processos cíveis e criminais.

Releva consignar, a esta altura, a famosa passagem de São Paulo levado à presença de Pórcio Festo. Este, querendo agradar os judeus, disse: "Queres subir a Jerusalém, e ser julgado ali diante de mim?" Paulo redargüiu:

"Estou perante o Tribunal de César. É lá que devo ser julgado. Não fiz nenhum mal aos judeus como bem sabes. Se lhes tenho feito algum mal ou coisa digna de morte, não recuso morrer. Mas, se nada há daquilo de que estes me acusam, ninguém tem o direito de entregar-me a eles. Apelo para César."

Festo respondeu: "Para César apelaste, a César irás."[27]. Sem dúvida, tal fato comprova a existência do direito de apelação por volta do ano de 58 d.C.

Também na época dos Severos, por volta do final do século II, d.C., encontramos a possibilidade de irresignação, via recurso de apelação, através de duas modalidades, ou seja, a oral e a escrita[28].

Como se sabe, a administração da justiça passa a ser exercida naquela época pelo imperador, como bem demonstram as anotações anteriores. Porém, o acúmulo de recursos levou o imperador a delegar as funções de reexame das sentenças ao Senado, cônsules, pretores, *praefectus urbi*, etc. Esses exerciam o poder em nome do imperador e de suas decisões não se admitia qualquer

---

[27] Frei João José Pedreira de Castro, op. cit., p. 1444. O processo contra Paulo foi instaurado perante o Governador Félix. Festo sucedeu a Félix, tendo Paulo permanecido encarcerado pelo período de dois anos.

[28] Riccardo Orestano, op. cit., p. 724, bem como Luiz Carlos Azevedo, op. cit., p. 44.

irresignação, razão pela qual representavam a mais alta hierarquia da justiça romana.

Várias foram as razões da evolução do processo romano. Essa evolução refletiu-se, como se infere, no aparecimento do recurso de apelação. Podemos mencionar como fatores dignos de nota, em primeiro lugar, o abandono da concepção privatística do processo que caracterizou as duas primeiras fases do processo romano, mais precisamente, a *legis actiones* e o formulário; em segundo, a estruturação da organização judiciária, a partir do momento em que o cidadão romano defronta-se com o poder organizado. A atividade judiciária passa a ser atributo inerente ao imperador e dos que recebem uma delegação de atribuições suas.

Os textos compilados de Justianiano dão conta do procedimento do recurso de apelação: se fosse ela oral, o recurso deveria ser interposto no mesmo dia em que fora pronunciada a decisão[29]; se escrito, o prazo seria de dois ou três dias, caso o apelante recorresse em causa própria ou em nome de outrem[30]. Posteriormente, segundo a Novela 23, o prazo foi unificado para dez dias contínuos. O apelo normalmente suspendia a eficácia da sentença.

Como salientava Ulpiano: "Appellandi usus quam sit frequens, quamque necessarius, nem est quinesciat, quippe quum iniquitatem judicatium vel imperitiam recorrigat, licet nonnunquam bene latas sententias in peius reformet; neque enim utique melius pronuntiat, qui novissimus sententiam laturus est",[31] demonstrando as vantagens e os inconvenientes do recurso de apela-

---

[29] DIG. 49, 1, 2, e DIG. 49, 1, 5, 4.

[30] DIG. 49, 1, 5, 4, e DIG. 49, 4, 1, 5.

[31] Livro 49 do Digesto, L.I Tít. I. No vernáculo, a passagem transcrita quer dizer o seguinte: "Não há quem ignore quão freqüentemente e quão necessário seja o uso da apelação, porque certamente corrige a injustiça ou a imperícia dos julgadores, se bem que às vezes reforme para pior as sentenças bem proferidas; porque nem sempre fala melhor o último que tem de proferir a sentença."

ção. Interpunha-se contra uma ordem emanada do magistrado, mas não contra ele. Interposta a apelação, o juiz poderia ou não recebê-la, devendo, nessas circunstâncias, expor as razões que o levaram a não receber o apelo[32].

1.3. A apelação no Direito Medieval

O instituto da apelação sofre, na Idade Média, o seu maior revés, a despeito do enorme progresso que a civilização romana impôs ao mundo. O progresso político e social do Império Romano, com efeito, sucumbiu principalmente pelos interesses subalternos de senadores ambiciosos e de oficiais que, sem nenhuma visão, eram derruídos pelos contrários. Nessa ordem de idéias, a observação de Jean Cousin[33], que "o gigantismo do Império devia ser fatal à sua existência" era verdadeira. Em 565 d.C., com o falecimento do imperador Justiniano, tem-se o termo final do Direito Romano. Em 476 d.C., cai definitivamente o Império Romano do Ocidente com a derrota de Rômulo Augusto pelos hérulos. Povo sem nenhuma tradição, eram errantes e sua vida repleta de riscos. Em face dos vencidos, eram os bárbaros primitivos. Desconheciam um poder soberano maior, de tal modo que o Direito não era escrito, mas fruto da tradição. Substituem-se os magistrados da época da *cognitio extra ordinem* por tribunais compostos de homens livres e bons, sem nenhuma vinculação com o Estado. A Magistratura, nesse período, perde o caráter de serviço público, como era normal que ocorresse, à vista da situação peculiar da sociedade primeva dos germânicos.

---

[32] Em sentido contrário, Alcides de Mendonça Lima, op. cit., p. 9, sustentando que o juiz era obrigado a receber a apelação. Riccardo Orestano, op. cit., p. 724, admite que na época pós-clássica, o juiz *a quo* conservava somente uma limitadíssima faculdade de não *recipere appellationem*.

[33] Luiz Carlos de Azevedo, op. cit., p. 51.

O certo, todavia, é que, naquela época, mais precisamente no século IV, em razão das profundas alterações sofridas na legislação, os denominados Códigos Gregoriano e Hermogeniano estavam incompletos e, sobretudo, ultrapassados. O Imperador Teodósio II determina a elaboração de um código de aplicação puramente prática. Esses foram os primeiros passos para o retorno da supremacia do Direito Romano, que, finalmente, se restaurara com a monumental obra chamada *Corpus Juris Civilis*.

Não se pretende, neste livro, o estudo exaustivo do desenvolvimento do Direito na Idade Média. Mil anos não se resumem em poucas páginas. Importa anotar, com efeito, a aplicação da *Lex Romana Visigothorum*, também conhecida como Breviário de Alarico (506 d.C.), a despeito da dualidade legislativa que veio a se extinguir com Eurico e Leovigildo. O Breviário somente era aplicado aos hispanos-romanos, enquanto aos visigodos se aplicavam as suas leis e costumes.

O surgimento do Código Visigótico (também foi denominado de *Liber Iudiciorum* e *Fuero Juzgo*), com efeito, foi um verdadeiro marco, uma vez que faz interagir toda a tendência oficial e eclesiástica romanizante com o povo germânico.

Ao tempo em que vigorava o *Fuero Juzgo*, era ilimitado o uso do recurso de apelação. A denominada *Lei de Siete Partidas*, no século XIII, limitou o uso do recurso de apelação, admitindo apenas dois recursos contra a sentença. Entretanto, se nas duas apelações se confirmasse a sentença do juiz *a quo*, então do último julgamento não cabia mais nenhum recurso.

No período em que o feudalismo dominava, existia uma figura jurídica interessantíssima, que alguns tipificam como recurso: o duelo judiciário. Consistia num desafio do litigante ao juiz para uma luta corporal ou armada. Esse desafio era feito pelo vencido, abrangendo tanto os juízes favoráveis, quanto os contrários. Uma eventual irresignação da parte com a decisão soava como um crime de felonia. Em França, anota Montesquieu, não se conhecia a apelação. A apelação, dizia o mencionado autor, consistia[34] "em um repto a combate singular, que devia concluir em sangue, e não um convite a uma polêmica de pena, que se introduziu mais tarde." Por ocasião da descoberta do Digesto, no século XII, adicionando-se o manancial legislativo do Código de Justiniano e as Novelas, o instituto da apelação tomou uma nova feição, transformando-se, verdadeiramente, num recurso com características dialéticas.

Surgiu, na Idade Média, o Direito Canônico, com clara influência em vários setores processuais, especialmente em relação aos recursos[35].

Como é sabido, das decisões proferidas pelos bispos e pelos presbíteros, era admissível recurso de apelação para os denominados Concílios Diocesanos. Posteriormente, passou-se a aceitar recurso ao Sumo Pontífice, estendendo-se, assim, a sua jurisdição ao mundo católico. O Papa é um juiz soberano na Igreja, por Direito originário de Deus e, portanto, divino[36].

Deste modo, contra qualquer decisão, em qualquer causa, era possível a interposição do recurso de apelação. Como é fácil perceber, então, as causas tramitavam durante longos anos.

O Concílio de Tridentino, na Seção 24, *De Reformatione*, modificou a situação anterior, adotando-se o recurso de apelação quando a decisão fosse definitiva. As denominadas decisões interlocutórias somente eram apeláveis em duas circunstâncias: se tivessem eficácia de definitivas ou se causassem um dano que não pudesse

---

[34] Alcides de Mendonça Lima, op. cit., p. 13.

[35] Anotam Sérgio Bermudes, op. cit., p. 17, e Alcides de Mendonça Lima, op. cit., p. 14, a especial importância do Direito Canônico no restabelecimento das instituições romanas, com reflexos importantes no sistema recursal.

[36] Alcides de Mendonça Lima, op. cit., p. 14.

ser reparável, através da apelação contra a sentença definitiva[37].

É imprescindível registrar, por oportuno, mesmo que em razão do aspecto histórico, a existência, no Direito Canônico, da apelação por abuso. Tratava-se de um recurso à autoridade civil em razão da incompetência, da violação de lei ou abuso no exercício do poder.

1.4. A apelação no Direito Luso-Brasileiro

Ver o passado é interpretar adequadamente o presente e preparar o futuro. Com efeito, parece absolutamente certo que o estudo da História há de ser realizado com base em todo o manancial levantado pelos pesquisadores, fruto, portanto, do exame exaustivo de documentos e das tradições orais de um povo passadas de pai para filho. Não se admite, na atual fase de desenvolvimento do homem, que a História seja feita com suporte em simples ilações ou hipóteses descompromissadas, sem nenhum suporte documental ou oral sério.

Trigo Loureiro afirma que "O Direito de appellação é conhecido e usado no reino de Portugal desde o princípio da monarchia." Para o mesmo autor, as querimas ou querimônias de que falam os Forais representariam as apelações, agravos ou queixas ao rei. Enfatiza, ainda, o referido doutrinador que tendo sido o Direito Romano e o Canônico introduzidos em Portugal bem antes de D. Affonso Henrique ter sido rei, era conseqüência inevitável que se fizesse uso da apelação em Portugal[38].

Não é esse, todavia, o pensamento de Pereira e Souza[39], para quem o recurso de apelação só teria surgi-

---
[37] Antônio Fernandes Trigo de Loureiro, op. cit., p. 7.
[38] Ibidem, pp. 7 e 8.
[39] Alcides de Mendonça Lima, op. cit., p. 16. Luiz Antônio da Costa Carvalho, *Dos Recursos em Geral e Processos para declaração de Direito*, Rio de

do no Reinado de Afonso III. Este também é o pensamento de Luiz Carlos Azevedo, que refuta integralmente a confusão que pretendem fazer do instituto da apelação, com estrutura do Direito Romano e, em decorrência, com características e requisitos próprios, com as queixas, também conhecidas como querimas ou querimônias endereçadas ao rei[40].

Certo é que D.Afonso III, por lei de uso geral, regulou o manejo do recurso de apelação. Esta legislação sofreu alteração por D. Diniz, jovem monarca de apenas vinte e um anos de idade. É dele uma lei passada nas cortes de d'Evora, em 31 de julho de 1282, que trata do recurso de apelação, com alterações substanciais em benefício da realeza[41].

Posteriormente, D. Diniz, desta feita em 27 de agosto de 1316, promulgou outra lei, consoante a qual a apelação era admitida tanto das sentenças definitivas, quanto de todas as interlocutórias. Conforme se observa, há uma profunda influência do Direito Canônico no conteúdo dessa lei, a demonstrar, à saciedade, a relevância do clero e do Papa à época.

Janeiro: A. Coelho Branco, 1940, p.73, também sustenta que a apelação era desconhecida nos primeiros tempos da monarquia lusa. A apelação teria surgido no reinado de Afonso III, op. cit., p. 74.

[40] Luiz Antônio da Costa Carvalho, op. cit., p. 104. Ver, também, as esclarecedoras explicações fornecidas a respeito da origem da apelação no direito luso às pp. 76 e seguintes. Afirma Pereira e Souza, seguido por Luiz Carlos Azevedo, que o recurso de apelação surgiu em Portugal com a lei por D. Afonso III, em 1254, nas cortes de Leiria ou em Coimbra no ano de 1261. Sérgio Bermudes, op. cit., p. 51, afirma que as querimônias ou querimas apresentadas ao rei e de que falam os Forais nada mais eram do que o próprio recurso de apelação. José Carlos Barbosa Moreira, *Comentários ao Código de Processo Civil*, v. V, Rio de Janeiro: Forense, 3ª ed., 1978, p. 467. Ele afirma que as querimônias ou quirimas deram origem ao recurso de agravo. Alcides de Mendonça Lima, op. cit., p. 17, é de opinião que o recurso de apelação foi introduzido em Portugal pela assimilação do Direito Romano, introduzido antes da monarquia.

[41] No texto dessa lei é consignado que ela foi passada na era de 1320. Esta data diz respeito à era de César, como se contavam os anos, na Península Ibérica. Há uma diferença de trinta e oito anos entre os calendários da era de César e do mundo.

Do tempo de D. Afonso IV, deve-se a distinção entre as denominadas decisões interlocutórias simples daquelas decisões interlocutórias com força de definitivas, permitindo-se o uso do recurso de apelação para tão-somente estas, surgindo, em face desta distinção, os extormentos de agravo ou cartas testemunháveis e, mais adiante, as diversas modalidades de agravo.

1.5. As ordenações

O recurso de apelação é, então, mantido em várias leis esparsas, assim como se vê no "Livro das Leis e Posturas" e nas denominadas Ordenações de D. Duarte[42] até passar para as Ordenações Afonsinas, cuja promulgação se deve a D. Afonso V, em 1446.

Quando se fala da origem das Ordenações Afonsinas, o primeiro nome a registrar é João I, fundador da dinastia de Avis, que mandou publicar, por extrato, o Código de Justiniano, seguido de glosas de Acúrsio e dos comentários de Bártolo, através da Carta Régia de 18 de abril de 1426. Essa publicação não tinha o caráter de uma lei propriamente dita, servindo, tão-só, como subsídio nos casos de omissão das leis antigas e velhos costumes do reino. Houve um clamor popular em favor de uma nova legislação. Nessa ocasião, João I encarregou o jurista João Mendes de compilar e reformar os diplomas em vigor. Faleceram, porém, João I e João Mendes sem que os trabalhos tivessem sido concluídos. D. Duarte encarregou Rui Fernandes de findar os trabalhos, o que somente aconteceu no reinado de Afonso V, regência do infante D. Pedro[43].

---

[42] Anota Luiz Carlos Azevedo, op. cit., p. 114, as várias passagens no *Livro das Leis e Posturas* acerca do recurso de apelação, tais como apelação sobre juízes, apelações à corte, apelação por razão de alguma escritura, apelação de sentença interlocutória.

[43] Fernando Luso Soares, *Processo Civil de Declaração*, Coimbra: Livraria Almedina, 1985, pp. 29 e 30.

Há um retrocesso no que tange à jurisdição real para a apreciação do recurso de apelação. Tanto D. Diniz quanto D. Fernando tinham mantido a posição no sentido do direito do rei de conhecer por apelação. D. Afonso V revê esse posicionamento[44], admitindo que, por exceção, os Senhores julguem em seus territórios em segundo grau, desde que tivessem autorização concedida pelos reis anteriores.

Mesmo assim, as Ordenações Afonsinas *pauca quaedam addidit* ao que dispunham as leis anteriores. Vigoraram de 1446 até 1521, conhecendo apenas dois recursos: a) a apelação; b) o agravo, restrito ao de instrumento[45]. A apelação era judicial ou extrajudicial. Estava previsto, "quando se poderá apelar dos autos, que se fazem fora do juízo."[46]

Já se conhecia, na época, a apelação de alçada, razão pela qual era vedada a interposição deste recurso em demandas cujo valor não fosse superior a dez mil e quinhentas libras.[47] Os princípios do *beneficium commune* e da proibição da *reformatio in peius* eram consagrados[48]. O efeito devolutivo era amplo, com a possibilidade de alteração do pedido por ocasião da interposição da apelação, permitindo-se, ainda, a produção de prova, inclusive documental.

Digna de nota é a hipótese prevista no título LXXVIII, que trata da "sentença que é por direito nenhuma". Não havia necessidade de interpor-se o recurso de apelação contra tais sentenças. Eram as sentenças profe-

---

[44] Tít. LXXIV, n° 6.

[45] Tít. LXXX.

[46] Anota Luiz Antônio da Costa Carvalho, op. cit., p. 85, que alguns setores da doutrina diziam que a apelação era judicial ou extrajudicial, tais como Ramalho e Ribas, na sua "Consolidação de 1876", art. 1513. Ele não concorda com esse entendimento, pois se o recurso de apelação é "interposto para o juiz superior de decisão do inferior e se fora de juízo não há autoridade, não pode haver apelação extrajudicial."

[47] Livro III n° 8 do título LXXIII e n° 3 do título LXXXI.

[48] Título LXXV do mesmo livro III.

ridas, sem que a parte tivesse sido citada, ou quando já existia uma sentença anterior; ou, ainda, quando a sentença lavrada mediante suborno ou baseada em prova falsa; ou quando emitida a decisão por juiz incompetente ou contra direito expresso.

Não podiam apelar os revéis, os que interpunham o recurso fora do prazo ou aqueles que consentissem com os termos da sentença contra eles proferidos[49].

Nas Ordenações Afonsinas[50], prevê-se o recurso de apelação interposto por apenas um dos vários condenados, o que demonstra uma idéia clara acerca da figura do litisconsórcio.

As Ordenações Manoelinas vieram a lume no início do Século XVI, tendo o instituto da apelação, como de resto todos os demais institutos recursais, tomado contornos mais precisos. Foi mantido também o recurso de agravo, com profunda alteração, para permitir a interposição de petição, no auto do processo, além, é claro, do instrumento, já existente ao tempo das Ordenações Afonsinas.

As Ordenações Filipinas datam de 1603, com as mesmas feições das Ordenações anteriores e da Carta Régia de 05 de julho de 1526, expedida por D. João III, modificando o Código Manoelino. Os recursos previstos eram os seguintes: a) apelação; b) embargos; c)agravos; d) revista.

A primeira lei a modificar as Ordenações Filipinas foi o Decreto nº 24, de 16 de maio de 1832, que estabeleceu os recursos de apelação e de revista contra as sentenças definitivas. As sentenças interlocutórias ficaram restritas apenas ao agravo no auto do processo. Foram extintos os recursos de embargos e os agravos de instrumento, de petição e o ordinário.

---

[49] Título LXXXI.
[50] Título LXXXII.

1.6. A legislação processual brasileira pós-independência

Como é curial que aconteça, a alteração de um sistema político leva a uma profunda ruptura com o sistema jurídico anterior. Aliás, os líderes desse novo sistema desejam uma nova estrutura jurídica para marcar definitivamente as alterações em processamento.

Mas nem sempre assim ocorre. Muitas vezes esse movimento de emancipação, que rompe com os grilhões de um povo preso ao estrangeiro, não consegue, de pronto, fazer desaparecer as influências da legislação forasteira. Portanto, não é incomum a ocorrência de um lapso temporal intermediário, no qual todas as relações jurídicas prosseguirão a ser geridas pelas regras legais alienígenas até que se realize a promulgação gradual dos ordenamentos da nova nação.

Verificou-se, no Brasil, um fenômeno idêntico a vários outros ocorridos, como a História está a demonstrar. Assim, a legislação portuguesa (Ordenações Filipinas e demais leis extravagantes) foi revigorada pela Lei de 20 de outubro de 1823. Era praticamente impossível, em tão curto espaço de tempo, elaborar uma legislação separada nas diversas áreas do Direito e que se encontravam abrangidas naquele repositório luso. Mantinha-se inalterado o recurso de apelação. Por força da Lei de 04 de outubro de 1831, foi instituído o *recurso ex officio* das sentenças proferidas contra a Fazenda Pública[51].

A Lei de 29 de novembro de 1832, a sua vez, foi o primeiro ato legislativo de relevância na seara processual. Nenhuma influência, todavia, teve em relação ao recurso de apelação, que permaneceu inalterado.

Como já se sublinhou, a emancipação de um povo leva, como decorrência normal e natural, à reforma de

---

[51] Não resta a menor dúvida quanto ao fato de que tal instituto não tem nenhuma feição recursal.

todos os ordenamentos legislativos mais importantes, de tal sorte que o desejo da nova nação é ter uma ordem jurídica e social disciplinada por diplomas legais de timbre nacional, com arrimo e estruturação na sua própria mentalidade com seus traços característicos[52]. O primeiro passo à elaboração da nossa legislação, em face de nossa imensa extensão territorial, de nossa cultura e, principalmente, nossas acentuadas diferenças regionais, foi a Constituição. A primeira experiência constitucional brasileira foi um verdadeiro malogro. A Constituição, que viria a ser outorgada ao país em 25 de março de 1824, foi ato de pura manifestação arbitrária de D. Pedro I.

No tocante à legislação ordinária, o texto Constitucional estabelecia, no art. 179, nº XVIII, que seria organizado um Código Civil e Criminal, quanto antes. Nenhuma referência foi feita à legislação comercial. A legislação criminal surgiu em 16 de dezembro de 1830, com a sanção, por D. Pedro I, do Código Criminal[53]. A legislação processual criminal, a sua vez, veio 6 anos depois, com o respectivo Código de Processo Criminal em 1832. O Código Civil, porém, só surgiu em 1916, para entrar em vigor apenas a 1º de janeiro de 1917. Em relação à legislação processual civil, nenhuma alteração ocorreu.

Em 1831, o então Ministro da Justiça Lino Coutinho, apesar de o texto constitucional ser silente a respeito, nomeava uma comissão com o fito de elaborar o projeto do Código Comercial. Não se pode, porém, esquecer o trabalho desenvolvido por José da Costa Carvalho em prol da edição dessa legislação.

A tramitação legislativa foi demorada e, já na fase final da elaboração daquele ordenamento especial, foi

---

[52] Alcides de Mendonça Lima, op. cit., p. 29.

[53] Galdino Siqueira, *Tratado de Direito Penal*, Rio de Janeiro: José Konfino, tomo I, 1947, p. 71.

nomeada uma Comissão para redigir os diplomas legais que lhe instrumentariam a execução, cujos integrantes eram os seguintes: José Clemente Pereira, Carvalho de Moreira, Nabuco de Araújo, Caetano Alberto Soares e Irineu Evangelista de Souza, sob a presidência do Ministro da Justiça Eusébio de Queiroz.

A 25 de novembro de 1850, como resultado do trabalho levado a efeito pela sobredita Comissão, foram expedidos: a) Decreto nº 737, redigido por Carvalho Moreira; b) Decreto nº 738, escrito por José Clemente Pereira.

O primeiro decreto foi conhecido como o Regulamento nº 737 e era relativo à parte processual; o segundo, referia-se aos Tribunais do Comércio e do Processo de Quebras.

O chamado Regulamento nº 737[54], sem dúvida, regulou toda a parte processual do Código Comercial. As causas cíveis, no que pertine à matéria processual, permaneciam sob a égide das Ordenações Filipinas, com as alterações imprimidas por leis brasileiras extravagantes[55].

---

[54] Entre os juristas, há opiniões divergentes sobre o Regulamento nº 737. Alguns como João Bonumá, *Direito Processual Civil*, v. I, São Paulo: Saraiva, 1946, p. 230, nº 46, diz que é "o mais alto e mais notável monumento legislativo processual do Brasil." J. X. Carvalho de Mendonça aponta-o como "monumento soberbo da nossa legislação", *in Tratado de Direito Comercial Brasileiro*, v. I, p. 100, nº 38. Outros, porém, como Pontes de Miranda e José Frederico Marques, criticam-no ferozmente. Pontes de Miranda diz o seguinte: "Os povos dificilmente se livram do prestígio de certas frases feitas. Uma dessas, porque agradava às mediocridades, que assim se dispensavam do estudo do direito processual português e brasileiro das Ordenações e dos praxistas, foi a "obra-prima do Regulamento nº 737, decreto defeituoso, mal concebido, fácil, por superficial, e eivado de graves fugidas às mais sérias dificuldades científicas", *Tratado da Ação Rescisória*, p.77, nº 2. José Frederico Marques na sua obra *Instituições de Direito Processual Civil*, v. I, p. 130, nº 57, considera-o como "um atestado da falta de cultura jurídica, no campo do direito processual civil, da época em que foi elaborado."

[55] Importante consignar que o recurso de apelação permaneceu inalterado pela legislação extravagante brasileira. A lei de 29.11.1832, só alterou os recursos de agravos de petição e de instrumento, com a extinção dos embargos (art. 14). A Lei nº 261, de 3.2.1841, restaurou os agravos e

A Lei nº 1.237, de 1863, foi o primeiro diploma que mandou aplicar o Regulamento às denominadas ações hipotecárias, de caráter cível.

A proclamação da República alterou profundamente a estrutura política, jurídica e administrativa do Brasil. A nova Constituição de 24 de fevereiro de 1891 foi objeto de projeto elaborado pela Comissão do Governo Provisório, sendo relator Rangel Pestana, que reestruturou o trabalho desenvolvido por seus pares.

Estabeleceu-se nesse projeto que competia ao Congresso Nacional instituir "a codificação das leis do processo, sendo lícito aos Estados alterar as disposições de tais leis em ordem a adaptá-las convenientemente às suas condições peculiares"[56].

Reconhecia-se, assim, pelo menos no seio da Comissão, a prevalência do regime unitário no que tange à legislação processual. Nesse mesmo projeto era agasalhado o mesmo regime para o direito material.

O Ministro da Justiça de então, Campos Salles, foi defensor implacável, perante a Comissão, do sistema de dualidade, pois entendia que tal sistema era um traço pertinente do federalismo. Foi vencido[57].

O texto constitucional, em seu art. 34, inciso 23, deu competência ao Congresso Nacional para "legislar sobre o direito civil, comercial e criminal da República e o Processo da Justiça Federal."

Estabeleceu-se um sistema no qual a União legislava sobre direito material, e os Estados-membros, somente em relação ao direito instrumental. Em cumprimento à determinação contida no art. 29, parágrafo 14, da Lei

---

embargos da antiga legislação portuguesa. O decreto nº 143 aboliu os agravos de ordenação não guardada e o ordinário, permanecendo os agravos de petição, de instrumento e no auto do processo. A denominada "apelação *ex officio*" foi introduzida em 4.10.1831.

[56] Art. 13, do Projeto de Constituição.

[57] Alcides de Mendonça Lima, op. cit., p. 54.

2.033, de 20 de setembro de 1871, foi elaborada a Consolidação das Leis do Processo Civil, cujo trabalho foi desenvolvido pelo Conselheiro Antônio Joaquim Ribas[58], que se tornou cogente por intermédio da Resolução da Consulta, de 28 de dezembro de 1876. Assim, o Regulamento nº 737 tratava das causas comerciais, e a Consolidação, das causas cíveis.

Em relação aos recursos, a Consolidação os prescrevia no título V da Parte II, capítulos I a V, arts. 1.453 e 1.666, sendo que a apelação era cabível contra "sentença definitiva, como interlocutória, com força definitiva" *(art. 1.515)*[59]. Somente a 19 de setembro de 1890, em razão do Decreto nº 763, do Governo Provisório da República, foi o Regulamento nº 737 estendido a todas as causas cíveis.

Segundo o Regulamento nº 737, o recurso de apelação era cabível contra as sentenças definitivas, bem como contra as interlocutórias com igual força, ou quando produzissem dano irreparável, pronunciadas pelos juízes do cível, municipais, de paz e de órfãos. Não era prevista a esdrúxula *apelação ex officio.*

As partes e todas as pessoas que pudessem ser prejudicadas com a sentença proferida podiam apelar, desde que não houvessem consentido com o seu conteúdo e tampouco renunciado ao recurso. A apelação de um dos litisconsortes aproveitava aos demais. O prazo para interpor o recurso de apelação era de 10 dias, fatal e improrrogável. A apelação poderia ser interposta em audiência, ou por petição, desde que ratificada na primeira audiência. Era recebida nos efeitos devolutivo ou suspensivo, podendo o juiz recebê-la em ambos (art. 652). O juiz somente a recebia no efeito suspensivo quando a lei expressamente a permitia.

---

[58] Essa Consolidação ficou conhecida com o nome de seu autor, ou seja, Consolidação Ribas.

[59] A Consolidação em relação aos recursos mantinha, no essencial, a estrutura do Regulamento nº 737 e, por isso, as Ordenações Filipinas.

O Regulamento nº 737 foi a fonte das codificações estaduais, durante o período em que vigorou a dobrez legislativa processual, estabelecida na Carta Política de 1891.

O primeiro Estado-membro a ter a sua codificação processual foi o do Rio Grande do Sul, introduzida pela Lei nº 65, de 16 de janeiro de 1908[60]. Nesse sistema, o recurso de apelação era admissível quando a sentença fosse definitiva ou tivesse força de definitiva (art. 1.029). Era possível apelar-se em audiência, por petição, depois despachada, ou por termo nos autos. O prazo para a interposição era de cinco dias, a contar da intimação ou publicação da sentença. Inicialmente, o recurso sempre tinha efeito suspensivo. Posteriormente, o contrário sucedeu: o efeito suspensivo passou a ser a exceção, por força do art. 209, da Lei nº 346, de 06 de abril de 1925[61].

O último Código de Processo Civil e Comercial, no regime da duplicidade legislativa, foi o da Paraíba, introduzido pelo Decreto nº 28, de 2 de dezembro de 1930[62]. O Código de Processo Civil e Comercial do Estado de São Paulo foi anterior ao da Paraíba, vindo a

---

[60] A legislação processual do Pará data de 22.06.1905, mas não tinha o nome de Código. Tratava-se, apenas, de Decreto, cujo número era 1.380. Em razão disso, alguns escritores sustentam que a legislação processual rio-grandense foi a primeira Codificação brasileira no sistema da dualidade legislativa, como Alcides de Mendonça Lima, op. cit., p. 35.

[61] Digna de nota era a hipótese de deserção do recurso de apelação, caso, no prazo legal, os autos não tivessem sido remetidos à instância superior. Exceto a hipótese de justo impedimento, como tais os casos fortuitos, de doença grave, prisão do apelante, embaraço do juízo ou obstáculo judicial criado pela parte contrária, (art. 1.038), os autos do processo deveriam ser remetidos à superior instância no prazo de dez dias se a apelação fosse interposta de sentença pronunciada por juiz distrital, ou de trinta, se a apelação fosse interposta de sentença proferida por juiz da comarca (art. 1.035). A expressão "deserção" está equivocada, a nosso sentir, pois se tratava da realização de ato processual diverso do pagamento das custas processuais pelo processamento do recurso.

[62] Excelente resenha dos textos legislativos, inclusive com a indicação dos recursos existentes nas diversas legislações, consulte-se Alcides de Mendonça Lima, op. cit., pp. 45 a 52.

lume pela Lei nº 2.421, de 15 de janeiro de 1930, com vigência a partir de 1º de julho de 1930.

Lamentavelmente, a vinculação do Regulamento nº 737 aos códigos estaduais era absolutamente inevitável[63], e foi ocasionada sobretudo pelos legisladores estaduais, que não elaboraram as novas legislações à vista dos novos princípios da ciência processual que surgiram, principalmente com a ilustre obra de Oscar Bülow, datada de 1868, intitulada *Teoria das Exceções e dos Pressupostos Processuais*, que revolucionou a ciência processual civil.

O Regulamento nº 737 vigorava em alguns Estados-membros que não tinham Código Processual próprio, motivo pelo qual é possível se dizer que essa lei vigorou por cerca de 90 anos no Brasil.

Respeitando as opiniões em contrário, pensamos que o Regulamento nº 737 era uma legislação sistematizada, em consonância com o pensamento e as convicções então em vigor, de modo que, realmente, era bom instrumento jurídico.

1.7. A Constituição Federal de 1934 e o Código de Processo Civil

A Revolução de 1930 pretendeu dar ao país uma nova estrutura social e jurídica, segundo as modernas correntes de pensamentos então vigorantes.

O Decreto nº 19.398, de 11 de novembro de 1930, instituiu juridicamente o Governo Provisório, estabelecendo a sua própria competência.

---

[63] James Goldschmidt, *Derecho Procesal Civil*, Editorial Labor S.A., 1936, p.61. Ele refere o seguinte: "El decreto de 25 de noviembre de 1850 sobre o procedimiento comercial ha sido ampliado por Decreto de 19 de septiembre de 1890 al campo del procedimiento civil; además, el Decreto de 1898. Los Estados de la Federación han formado su Derecho procesal a base de este modelo, de tal modo que de hecho se ha llegado a una coincidencia muy estrecha entre todos."

A 15 de novembro de 1933, foi instalada a Assembléia Nacional Constituinte, tendo a Constituição sido promulgada em 16 de julho de 1934. Figurava nessa legislação a unidade legislativa processual, segundo dispunha o art. 5º, nº XV, cuja dicção era a seguinte: "Art. 5º. Compete privativamente à União: ... XIX - legislar sobre: a) direito penal, comercial, civil, aéreo e processual".

Por ato da Assembléia Nacional Constituinte, mais precisamente no art. 11 das Disposições Transitórias, deveria a União promulgar um Código de Processo único. A União, todavia, não tomou, de pronto, providências nesse sentido. Por isso, *ex vi do* parágrafo 2º daquele dispositivo legal, continuavam em vigor os Códigos Estaduais, até que a União promulgasse o Código unificado.

Vivia o país uma situação peculiar: em 1891, havia dualidade como regra jurídica, mas em número razoável de Estados-membros, uma unidade de fato, pois vigorava a legislação federal; em 1934, ao revés, tínhamos uma unidade como norma legal, mas em todo o território nacional uma dualidade de direito, de fato.

A primeira lei de cunho processual de âmbito nacional foi a Lei nº 319, de 25 de novembro de 1939, que tratava do "recurso das decisões finais das Cortes de Apelação e de suas Câmaras" e, desse modo, nenhuma alteração introduziu no recurso de apelação propriamente dito.

A Comissão para a elaboração do Código de Processo Civil foi constituída, mas o golpe de 10 de novembro de 1937, instituindo o Estado-Novo, revogou a ordem jurídica então vigente, de tal modo que os trabalhos da mencionada Comissão não chegaram a termo.

1.8. A Constituição de 1937 e o Código de Processo Civil

O texto constitucional de 10 de novembro de 1937 manteve a unidade legislativa, em relação ao processo, instituída pela Carta Política de 1934, conforme dispunha o art. 16, inciso XVI:

"Art.16. Compete privativamente à União o poder de legislar sobre as seguintes matérias: ... XVI - o direito civil, o direito comercial, o direito aéreo, o direito operário, o direito penal e o direito processual."

Instituiu, então, o novo Governo uma Comissão para elaborar o Código de Processo Civil. Essa Comissão era composta pelos Desembargadores Edgar Costa e Álvaro Goulart de Oliveira e dos Advogados Álvaro Mendes Pimentel, Pedro Batista Martins e Múcio Continentino. Em razão da cizânia entre os membros da Comissão, decidiu-se que cada um elaboraria o seu projeto. O primeiro a fazê-lo foi Pedro Batista Martins, permanecendo, porém, o desacordo entre seus integrantes. Então, o Ministro da Justiça resolveu encampar o projeto elaborado por Pedro Batista Martins, mandando publicá-lo para receber sugestões.

As sugestões foram examinadas pelo Ministro da Justiça, pelo próprio autor do projeto e pelo Juiz de Direito, Dr. Guilherme Estellita.

Em 18 de setembro de 1939, pelo Decreto-Lei nº 1.608, foi promulgado o Código de Processo Civil, com vigência a partir de 1º de março de 1940, consoante determinava o Decreto-Lei nº 1.965, de 16 de janeiro de 1940.

Nesse diploma legal, o recurso de apelação era disciplinado pelos arts. 820 a 832. O recurso de apelação era admissível das decisões definitivas de primeira instância, salvo disposição em contrário (art. 820). O prazo para a sua interposição era de quinze dias (art. 823). Mantinha-se presente a denominação "apelação *ex officio*", que recebeu também o nome de necessária (art. 822). O prazo para a apresentação de contra-razões era de dez dias (art. 826). A apelação, em regra, era recebida nos efeitos devolutivo e suspensivo.

1.9. O Código de Processo Civil de 1973

Uma onda reformista iniciou-se no Governo do Presidente Jânio Quadros, mas somente o Governo do Presidente João Goulart, em 1963, incumbiu o Prof. Alfredo Buzaid de preparar um Anteprojeto de Código de Processo Civil.

Posteriormente, o referido Anteprojeto foi discutido num Congresso realizado em 1965, na cidade de Campos do Jordão, organizado pela Universidade de São Paulo e pelo Instituto Brasileiro de Direito Processual Civil.

Uma comissão especial foi incumbida de estudar a fundo o Anteprojeto. Essa comissão era constituída pelos Profs. José Frederico Marques, Guilherme Estellita e Luiz Machado Guimarães. Com o falecimento do Prof. Estellita, passou a integrá-la o Des. Luís Antônio de Andrade. Com o óbito do Prof. Machado Guimarães, essa vaga nunca foi preenchida, noticiando Alcides de Mendonça Lima[64] que o Prof. José Carlos Barbosa Moreira assessorava, extra-oficialmente, os trabalhos da comissão.

A nova legislação acabou sendo promulgada em 11 de janeiro de 1973, pela Lei nº 5.869, com vigência a partir de 1º de janeiro do ano seguinte. Antes de entrar em vigor o novo Código, foram alteradas mais de oitenta disposições, o que foi feito pela Lei nº 5.925, de 1º de

---

[64] Alcides de Mendonça Lima, op. cit., p. 70.

outubro de 1973. Por sua vez, a Lei nº 6.014, de 27 de dezembro de 1973, adaptou à nova estrutura a legislação especial, no que toca aos recursos, com amparo no art. 1.217 do próprio Código.

Capítulo II

2. Conceito do recurso de apelação

2.1. Conceito da apelação

É tarefa assaz complexa a destinada a conceituar os institutos jurídicos. O legislador processual civil brasileiro[65], ao revés, tomou rumo diametralmente oposto, divergindo do brocardo *omnis definitio in iure civilli periculosa est : parum est enim, ut non subverti posset*[66], como se vê, por *exemplum*, quando trata da conexão (art. 103), da litispendência (art. 301, §§ 1º a 3º), da sentença (art. 162, § 1º) e da coisa julgada (art. 467). Todavia, não conceituou o recurso de apelação, informando apenas que ele é cabível contra as sentenças proferidas (art. 513).

A palavra *apelação* (*appellatio; appellationem*) tem origem latina, significando um refúgio de alguma coisa. Mais precisamente, denota um sentido de suplicação face à decisão desfavorável. Laudelino Freire[67] afirma que se trata de "Recurso interposto da sentença de um

---

[65] O Prof. Alfredo Buzaid, na Exposição de Motivos que acompanhou o anteprojeto do novo Código de Processo Civil, diz expressamente o seguinte sobre o tema: "À força de ser repetido, passou à categoria de adágio jurídico o conselho das fontes romanas, segundo o qual *omnis definitio in jure civile periculosa est (D.50.17.202).* Sem discutir o valor dessa recomendação, de cujo acerto não pomos dúvida, ousamos, contudo, em vários lugares do projeto, desatendê-la, formulando algumas definições, que reputamos estritamente necessárias."

[66] Nelson Nery Júnior, *Princípios Fundamentais...*, op. cit., pp. 29-30.

[67] Vide *Grande e Novíssimo Dicionário da Língua Portuguesa*. v. I, Rio de Janeiro: Livraria José Olympio, 1954, 2ª ed., p. 641.

juiz ou tribunal inferior para o de superior instância, para que este revogue a sentença definitiva ou com força de definitiva por aquele proferida". Apelar, no dizer do mesmo autor, é "recorrer, buscar remédio para alguma necessidade ou trabalho."[68]

Para Heinecio, o recurso de apelação é "legitima ad judicem superiorem, ab inferiorem provocatio, illati gravaminis causa, justo tempore facta."[69]

Paolo D'Onofrio[70] define a apelação de modo diferente, mas com a mesma concepção de graus de jurisdição, pois para ele é

"il giudizio nel quale il magistrado di *grado superiore* [grifo meu] riesamina plenariamente, nei limiti della volontá delle parti e con facoltà alle medesime ed al giudice stesso di modificare, correggere ed ampliare l'istruzione della causa, le domande già proposte ad un giudice di *grado inferiore* [grifo meu], al fine di statuire su di esse, emanando una nuova sentenza la quale prende il posto di quella pronunciata in primo grado."

De seu turno, Enrico Liebman[71], tratando do duplo grau de jurisdição, diz que esse princípio leva a "per

---

[68] *Grande e Novíssimo Dicionário da Língua Portuguesa*, op. cit., p. 641. Para boa referência bibliográfica quanto ao sentido das expressões *apelação e apelar*, consulte-se João Claudino de Oliveira e Cruz, *Do Recurso da Apelação*, Rio de Janeiro: Forense, 1949, p. 35.

[69] Costa Carvalho, op. cit., p. 69. No vernáculo, segundo Gouvêa Pinto, citado por Costa Carvalho, na mesma obra, o recurso de apelação é "provocação legítima interposta, em tempo hábil, do Juiz inferior para o superior, por motivo de remediar o gravame que se julga feito". Antônio Fernandes Trigo de Loureiro, op. cit., refere conceituação semelhante à de Gouvêa Pinto, mas a critica por se aplicar a qualquer outro recurso. Diz o aludido autor que a "appelação é a provocação legitima, interposta em tempo hábil para o Juiz superior, da sentença definitiva ou que tenha força de definitiva, proferida por Juiz inferior, a fim de reparar-se a injustiça que se julga feita", p. 11.

[70] Paolo D'Onofrio, op. cit., p. 727.

[71] Enrico Tullio Liebman, *Manuale di Diritto Processuale Civile II*, op. cit., p. 295.

essere giudicate una seconda volta in una nuova fase processuale che è il proseguimento dello stesso processo". Esse segundo juízo é o juízo de apelação. Observa-se, nitidamente, a relevância ao duplo grau de jurisdição como nota definitória do recurso de apelação.

No direito argentino, Agustin A. Costa[72] define o instituto como

"un remedio de caracter procesal que tiene por objeto el control de la función judicial, y se funda en una aspiración de mejor justicia, remedio por el cual se faculta al litigante agraviado por una sentencia o interlocutoria, a requerir un nuevo pronunciamento de un tribunal *jerárquico superior*[73] [grifo meu] para que, con el material reunido en primeira instancia y el que restringidamente se aporte en la alzada, examine en todo o en parte la decisión impugnada como errónea por falsa apreciación de los hechos o equivocada aplicación o interpretación del derecho, y la revoque o reforme en la medida de lo solicitado."

No direito processual uruguaio, Eduardo José Couture[74] definia o instituto da seguinte maneira: "La apelación, o alzada, es el recurso concedido a un litigante que ha sufrido agravio por la sentencia del juez inferior, para

---

[72] Agustin A. Costa, *El Recurso Ordinario de Apelación en el Proceso Civil*, Buenos Aires: Associación de Abogados de Buenos Aires, 1950, p. 526.

[73] Guido Santiago Tawil, *Recurso Ordinario de Apelación ante la Corte Suprema de Justicia*, Buenos Aires: Depalma, 1990, pp. 40 e 41. Ele critica veementemente definições de processualistas no que tangem ao recurso de apelação que atribuem o caráter de superior hierárquico ao órgão judicial encarregado de examinar a impugnação recursal. Traz em abono à sua tese o ensinamento de Carnelutti, na nota de rodapé nº 133, cujo teor é o seguinte: *"Senãlaba así el eminente maestro italiano* (Carnelutti, *Instituciones* ..., II, ob. cit. p. 227) *que 'este último no es un caracter esencial, ya que la apelación puede ser hecha también ante un juez de grado igual a aquel que pronunció la sentencia impugnada...; la esencial es que se trata de un examen reiterado, esto es, de una revisión de todo cuanto se hizo la primera vez, y esa reiteración permite evitar los errores y suplir las lagunas en que eventualmente se incurrió en el examen anterior.'"*

[74] Eduardo J. Couture, op. cit., p 351.

reclamar de ella y obtener su revocación por el juez superior." Toda e qualquer definição do recurso de apelação que contenha as expressões "juízo inferior" e "juízo superior", com sentido essencialmente hierárquico, deve ser repensada. Razão assiste àqueles que sustentam que o recurso de apelação não apresenta, como nota essencial, a exigência de hierarquia entre os tribunais, no que tange à visão jurisdicional. Com efeito, não se pode dizer da existência de um poder de supremacia de um tribunal em relação a outro; tampouco nenhum dever de subordinação entre uns e outros, pois o que realmente existe é a revisão judicial das decisões por um outro tribunal, fruto de um controle apenas técnico criado pelo legislador constitucional[75]. Aliás, parece-nos equivocado qualificar os tribunais de inferiores e de superiores no que tange à atividade jurisdicional. Exemplifiquemos: a doutrina no direito processual brasileiro diz que o Superior Tribunal de Justiça é o órgão que profere a última palavra na aplicação do direito infraconstitucional. A assertiva é absolutamente verdadeira, mas tal circunstância não faz com que o Tribunal de Justiça de uma unidade federativa seja hierarquicamente inferior àquele Tribunal. Não há nenhuma hierarquia administrativa e tampouco jurisdicional do Superior

---

[75] No mesmo sentido do texto é o pensamento do Prof. Guido Santiago Tawil, op. cit. p. 41. Primorosa é a pena do Prof. Luiz Machado Guimarães, *Limites Objetivos do Recurso de Apelação*, Rio de Janeiro: s/ed., 1962, p. 72, sobre o tema: "O conceito atual de hierarquia é inteiramente diverso do conceito romano. Não há qualquer idéia de subordinação entre os magistrados dos diferentes graus, visto como tem cada órgão jurisdição plena dentro da esfera da sua competência, podendo livremente julgar litígios, que lhe são afetos, de acordo com a sua convicção. A idéia moderna de organização judiciária se concretiza em um regulamento de competência: o princípio do duplo grau de jurisdição não implica em subordinação de um órgão a outro, mas discriminação da competência dos diversos órgãos para julgarem em as fases sucessivas da mesma demanda. A prevalência da segunda sentença se funda em razões de ordem prática, pela maior probabilidade de justiça que apresenta o segundo julgamento e também por emanar de juízes presumidamente mais hábeis."

Tribunal de Justiça frente ao Tribunal de Justiça de um Estado-membro, porque este tem liberdade total para resolver os conflitos de interesse que aportam, julgando-os segundo o convencimento de seus pares. O grau de jurisdição posterior não é superior, no sentido que lhe empresta o léxico referindo-se ao adjetivo, embora em algumas passagens a Lei e a Constituição a ele assim aluda, pois não se atingiu um grau mais elevado, colocado mais alto, mas um grau revisional, que quer dizer examinar de novo, proceder a uma segunda leitura ou vista dos elementos coligidos no processo.

Não é essencial que o duplo grau de jurisdição se realize por um julgamento levado a efeito por um órgão judicante diverso[76], ou de categoria hierárquica superior àquele que realizou o primeiro exame, mas que as apreciações se façam sucessivamente, aproveitando-se, sempre, o material trabalhado na primeira instância na segunda[77].

Sem dúvida, que o princípio do duplo grau de jurisdição é o ponto central dos estudos da doutrina no que pertine à justificação científica do recurso, servindo de anteparo, na atualidade, a qualquer tentativa de restringir-se o uso do recurso de apelação. O princípio do duplo grau de jurisdição encontra a marca decisiva

---

[76] Luiz Machado Guimarães, *Limites Objetivos do Recurso de Apelação*, Rio de Janeiro, 1962, p. 31. (este trabalho representa a dissertação no concurso à cátedra de Direito Judiciário Civil na Faculdade Nacional de Direito da Universidade do Brasil).

[77] O Prof. Nelson Nery Júnior, *"Princípios Fundamentais..."*, op. cit., p. 251, sustenta que a locução "duplo grau de jurisdição" quer dizer a possibilidade de a sentença definitiva ser reapreciada por órgão de jurisdição, normalmente de hierarquia superior àquela que a proferiu, o que se faz de ordinário pela interposição de recurso. Não é necessário que o segundo julgamento seja conferido a órgão diverso ou de categoria hierárquica superior àquele que realizou o primeiro exame. José Carlos Barbosa Moreira, *Repertório Enciclopédico do Direito Brasileiro*, verbete "Recursos". v. XLV, Rio de Janeiro: Borsoi, p. 103. Ele anota que a diversidade de órgãos destinados a proceder aos sucessivos exames da causa tem sido considerada essencial, mas a doutrina considera preservado o princípio, mesmo quando o recurso se dirige ao mesmo órgão do qual emanou a decisão recorrida.

de atuação através do recurso de apelação, pois é por meio deste que se exercita uma atividade cognitiva ampla. Toda a matéria impugnada, quer seja de fato, quer de direito, ou mesmo, de fato e de direito, recebe no apelamento a possibilidade de ser revista, sem qualquer restrição.

A boa doutrina, porém, encaminha-se no sentido de não ficar restrita a conceituação da apelação ao princípio do duplo grau de jurisdição. É por intermédio da apelação que o princípio do duplo grau de jurisdição, como já sublinhado, atua amplamente[78]. Não podemos, todavia, esquecer que nem toda a sentença é apelável, tal como ocorre na hipótese de execução fiscal de valor igual ou inferior a cinqüenta OTNs[79] e as proferidas em decorrência de juízo arbitral, a teor do que dispõe o art.18 da Lei nº 9.307, de 23 de setembro de 1996. Porém, tratar do apelamento apenas sob a ótica revisional do julgamento é transportar ao mundo jurídico uma visão parcial do fenômeno.

Por isso, no nosso entendimento, bem andou o legislador brasileiro de 1973 ao afastar do conceito de apelação a referência às decisões de graus superiores, preferindo usar a locução "tribunal" (arts. 515 e 516). Não foi esse o caminho que trilhou o legislador de 1939, pois no art. 824, expressamente, dizia que a apelação devolveria a matéria objeto da irresignação à superior instância. Mas, a confusão do legislador anterior era patente, pois o art. 820 (CPC, 1939) estabelecia que a apelação era o recurso cabível, salvo disposição em contrário, das decisões definitivas de primeira instância,

---

[78] O Prof. Barbosa Moreira, em seus *Comentários ao Código de Processo Civil*, op. cit., p. 461, menciona que as legislações dos mais diversos povos incluem o recurso de apelação ou figura análoga em seus ordenamentos e em lugar de destaque, comprovando o prestígio do princípio do duplo grau de jurisdição.

[79] art. 34 da Lei 6.830/80.

sem nenhuma conotação hierárquica dos diferentes graus de jurisdição.

Para se extrair um conceito de apelação, é imprescindível que haja uma correspondência com o conceito de recurso *lato sensu*. Este é o padrão daquela, pela íntima ligação dos dois[80]. O legislador brasileiro, como é sabido, não ministrou um conceito legal de recurso, apenas enumerou as hipóteses, seguindo a trilha do princípio da taxatividade recursal[81]. Tem entendido a doutrina, que o recurso, no direito processual civil brasileiro, é um remédio tendente a provocar, dentro do mesmo processo, a reforma, a invalidação, o esclarecimento ou a integração de um decisão judicial[82], ou como se pode extrair do Código de Processo Civil, é um remédio processual que se põe à disposição das partes, do Ministério Público e de um terceiro, a viabilizar, dentro da mesma relação processual, a anulação, a reforma, a integração ou o aclaramento da decisão judicial[83].

Da conceituação acima exposta, resta irrelevante para os fins desta obra e especialmente para a definição do recurso de apelação a admissão da *integração e do aclaramento* da decisão judicial como resultado do rejul-

---

[80] A nota essencial quanto à diferenciação dos recursos, das denominadas ações autônomas de impugnação, no direito processual civil brasileiro, reside no surgimento ou não de uma nova relação jurídico-processual. Os recursos são manejados sem que, no mundo jurídico, se manifeste uma nova relação jurídico-processual, enquanto nas ações autônomas de impugnação emergem novas relações processuais. Sobre o tema, ver as excelentes considerações do Prof. Nelson Nery Júnior, *Princípios Fundamentais...*, op. cit., pp. 48 e seguintes. Também é de fundamental importância a leitura da tese de livre-docência do Prof. Barbosa Moreira, intitulada "Juízo de Admissibilidade no Sistema dos Recursos Civis", especialmente o capítulo I.

[81] Explica excelentemente Nelson Nery Júnior, op. cit., p. 254, que o princípio da taxatividade significa que só são considerados recursos aqueles como tais designados, em *numerus clausus*, pela lei federal.

[82] Barbosa Moreira, *O Juízo de Admissibilidade no Sistema dos Recursos Civis*, Guanabara: Revista da Procuradoria-Geral do Estado da Guanabara, 1968, p. 92.

[83] Nelson Nery Júnior, op. cit., p. 40.

gamento, pois inexiste qualquer possibilidade de que a resposta ao recurso de apelamento leve ao exame de tais situações, próprias dos embargos declaratórios[84].

Sob o ângulo sistemático do direito processual civil pátrio, a apelação é um remédio que o ordenamento jurídico coloca ao dispor das partes, do Ministério Público e de um terceiro, a permitir, dentro da mesma relação jurídico-processual, a anulação ou a reforma da decisão judicial hostilizada.Este é o conceito que provisoriamente adotamos até a elaboração final do nosso conceito.

É nota relevante nesta conceituação a idéia de continuidade da ação. No sistema recursal brasileiro, qualquer recurso não gera uma nova relação processual. Por isso, a ação rescisória, o mandado de segurança, mesmo quando utilizado como sucedâneo recursal, o *habeas corpus*, o *habeas data*, não podem ser catalogados como instrumentos recursais, senão que ações autônomas de impugnação.

Resta, destarte, a indagação: em que consiste a decisão judicial passível de ser atacada por via do recurso de apelação? Em outras palavras, qual a decisão judicial que enseja o uso do recurso de apelamento?

É preciso, então, situarmos a regra do art. 513, do CPC, que preconiza caber o recurso de apelação das sentenças em correspondência com o conceito colacionado. Essa disposição legal há de ser comparada com o que dispõe o art. 162, § 1º, do CPC, ao dizer que a "sentença é o ato pelo qual o juiz põe termo ao processo, decidindo ou não o mérito da causa".

---

[84] Sônia Márcia Hase de Almeida Baptista, *Dos Embargos de Declaração*, São Paulo: Revista dos Tribunais, 1991. Ele define como "um ato voluntário impugnativo de qualquer decisão judicial que contenha o vício da obscuridade, contradição, dúvida e omissão, objetivando novo pronunciamento, complementando-a ou esclarecendo-a." Apesar da excelente monografia, a autora não seguiu a melhor doutrina que exclui a "dúvida" como elemento passível de interposição dos embargos de declaração. Sobre o tema a pena, do Prof. Barbosa Moreira foi perfeita, demonstrando que a "dúvida" não enseja embargos de declaração, *Comentários ao CPC*, op. cit., p. 617.

A sentença é realmente ato do juiz, mas, ao contrário do que se dispôs, a sentença não extingue o processo, apenas põe termo ao procedimento de primeiro grau[85], pois se a manifestação final do magistrado pusesse termo ao processo, a sentença seria irrecorrível, o que levaria à preclusão total das vias recursais, com o surgimento da coisa julgada formal. Esta representa, sob o ponto de vista final, ao nosso sentir, a preclusão dos recursos[86].

O exame, portanto, da conceituação da sentença revela que essa pode ensejar dois tipos distintos frente à causa: a primeira é a sentença que extingue o procedimento com resolução de mérito; a segunda, a sentença que também extingue o procedimento, mas sem exame de mérito. O legislador brasileiro remeteu expressamente o recurso de apelação aos arts. 267 e 269, emergindo, em aparência, a necessidade de se traçar uma precisa delimitação em torno do conceito de "mérito".

Dessa noção surgiria a imperiosa tarefa de conceituar a locução "mérito" [87], pois, segundo doutrina cor-

---

[85] José Carlos Barbosa Moreira, *Comentários ao CPC*, op. cit., p. 468. e Adroaldo Furtado Fabrício, *Extinção do Processo e Mérito da Causa*, Revista de Processo, v. 58, p. 8.

[86] Em nota de rodapé, mais precisamente a de nº 9, p. 81, em "*O Juízo de Admissibilidade no Sistema dos Recursos Civis*", op. cit., o Prof. Barbosa Moreira também concorda com este pensamento, referindo o trabalho do Prof. Celso A. Barbi intitulado *Da Preclusão no Processo Civil*, quando propõe a absorção daquele conceito por este: coisa julgada formal igual à preclusão dos recursos. Em célebre ensaio intitulado "Ainda e Sempre a Coisa Julgada", publicado na Revista dos Tribunais, v. 416, p.17, o eminente Prof. Barbosa Moreira refere que o trânsito em julgado de uma sentença pode ocorrer nas seguintes situações: "Tal momento é aquele em que cessa a possibilidade de impugnar-se a sentença por meio de recurso. Se ela já era, *ab origene*, irrecorrível, transitou em julgado no próprio instante em que adquiriu existência como ato processual - ou seja, no instante da publicação. Se é recorrível, transitará em julgado exatamente quando deixe de o ser: ou no termo *ad quem* do prazo de interposição do recurso admissível, não utilizado; ou ao verificar-se algum fato capaz de tornar inadmissível o recurso antes (exemplo: renúncia) ou depois (exemplo: deserção) da interposição; ou ainda com a homologação da desistência manifestada pelo recorrente."

[87] Galeno de Lacerda, *Despacho Saneador*, Porto Alegre: Fabris, 1985, pp. 82 e seguintes, e Cândido Rangel Dinamarco, *Fundamentos do Processo Civil Moderno*, São Paulo: Revista dos Tribunais, 2 ed., 1987, pp. 182 e seguintes.

rente, as sentenças definitivas representariam aquelas que definissem (examinassem) a pretensão de direito material deduzida no processo, enquanto as terminativas encerrariam o procedimento sem qualquer vista acerca daquela pretensão articulada. Essa tarefa, pelo menos em sede recursal, a nosso sentir, é irrelevante, pois o legislador brasileiro adotou critério diverso do eleito, por exemplo, pelo legislador na "Consolidação Ribas", no Regulamento nº 737, ou mesmo no Código de Processo Civil de 1939, onde se permitia o manejo do recurso de apelação contra as sentenças definitivas ou interlocutórias com força de definitiva, ou que causassem dano irreparável. Com efeito, na lei instrumental civil em vigor, abandonou-se a adjetivação da sentença apelável, substituindo-se os enunciados "sentença definitiva" ou "decisão interlocutória com força de definitiva" pela palavra "sentença" tão-somente. A conceituação do ato sentencial pelo legislador teve, pelo menos, o proveito de não criar uma ficção jurídica, relevando a um plano secundário o que a doutrina levou longo espaço temporal para distinguir, ou seja, as denominadas sentenças definitivas e terminativas.

Era necessário estabelecer-se um critério mais pragmático, sobrepondo-se às argutas divergências, em sede doutrinária, sobre o conceito de *meritum causae* ou, mais precisamente, proclamar um conceito genérico que passasse ao largo do conflito científico, o que foi feito no art. 162. A remissão aos arts. 267 e 269 da lei processual em vigor, feita pelo art. 513, tinha, segundo entendemos, a finalidade de complementar a definição do art. 162, § 1º, indicando os casos em que havia a resolução da lide, com ou sem exame de mérito[88].

---

[88] Lamentavelmente, no particular, o legislador não andou bem ao referir que as hipóteses contempladas no art. 269 representam a extinção do processo com julgamento de mérito. Quando o juiz rejeita o pedido, há sentença que efetivamente "julga" o mérito. Quando "homologa" a transação das partes, resolve o mérito, mas não há propriamente "julgamento". Melhor teria o legislador dito: "Extingue-se o procedimento com resolução do

A abertura do sistema recursal passava pela conceituação das manifestações jurisdicionais, complementando-se, assim, com as definições estatuídas no art. 162. Ao atribuir o legislador uma conceituação legal da manifestação jurisdicional, propôs um sistema recursal singelo, em posição diametralmente oposta ao sistema recursal eleito anteriormente pelo país, cujo número de recursos e sua complexidade levou ao reconhecimento expresso do princípio da fungibilidade recursal (art. 810) [89].

Assim, para o legislador, os atos do juiz consistem em sentenças, decisões interlocutórias e despachos, tal como expressa o *caput* do art.162[90].

Vejamos como a doutrina se expressa em relação às chamadas sentenças definitivas e terminativas.

Entendem alguns setores da doutrina que sentença definitiva é aquela que, decidindo a lide, põe termo à controvérsia pela condenação ou absolvição, com a característica da impossibilidade de modificação ou reforma pelo juiz que a proferiu[91]; outros pensam que a

---

mérito." Conferir, a propósito, a longa exposição do Des. Adroaldo Furtado Fabrício sobre o tema em ensaio denominado "Extinção do Processo e Mérito da Causa", publicado na Revista de Processo, v. 58, pp. 7 e seguintes.

[89] Art.810, CPC, 1939: "Salvo hipótese de má-fé ou erro grosseiro, a parte não será prejudicada pela interposição de um recurso por outro, devendo os autos ser enviados à Câmara, ou Turma, a que competir o julgamento." O legislador de 1973 não consagrou expressamente o princípio, pois para ele o sistema recursal preconizado era simplificado, principalmente porque os atos decisórios eram conceituados expressamente e vinculados a cada irresignação. Segundo nosso entendimento, a admissão da fungibilidade recursal é o reconhecimento da complexidade e dificuldade na compreensão do sistema recursal proposto.

[90] Tem inteira procedência a advertência do Prof. Nelson Nery Júnior, *Princípios Fundamentais...*, op. cit., pp. 61-62, quando salienta que o legislador no art. 162 só se preocupou em conceituar os pronunciamentos judiciais, excluindo, por óbvio, aqueles atos do juiz que não se subsumem na condição de pronunciamentos, tais como a inspeção judicial (art. 440, CPC), o interrogatório da parte e o depoimento pessoal (art. 324 do CPC). No mesmo sentido, expressa-se o eminente Prof. Barbosa Moreira, *Comentários ao CPC*, op. cit., nº 140, p. 274. De acordo, também, Teresa Arruda Alvim Pinto, *Agravo de Instrumento*, op. cit., pp. 55 e 56.

[91] Luiz Antonio Costa Carvalho, *Direito Judiciário...*, op. cit., p. 83.

sentença de mérito ou definitiva é aquela que contém um pronunciamento, positivo ou negativo, acerca do pedido do autor[92]. Não podemos, a esta altura, esquecer que o legislador brasileiro de 1973 adotou uma correspondência entre as expressões "mérito" e "lide", como expressamente reconheceu Alfredo Buzaid[93].

Como mencionamos, para os efeitos de identificação do ato jurisdicional de conteúdo decisório, o critério basilar é exatamente aquele segundo o qual o ato do juiz pôs termo ao procedimento, com ou sem resolução do mérito. Pouco importa sob esse ponto de vista, tenha a sentença examinado ou não o mérito da causa.

O recurso de apelação é admissível em qualquer processo, seja ele de conhecimento, desimportando seja observado o procedimento comum - ordinário e o sumário - ou o procedimento especial. Estende-se, também, o recurso de apelação ao processo cautelar, seja ele preparatório, incidente ou antecedente. Não paira dúvida, também, caber o recurso de apelação no processo de execução, mesmo porque ele só se extingue mediante sentença (art. 795, CPC).

Há, no ordenamento jurídico brasileiro, duas únicas hipóteses em que do ato sentencial não se admite a interposição do recurso de apelação. O primeiro caso diz respeito às sentenças proferidas nas execuções fiscais de valor igual ou inferior a 50 OTNs (cinqüenta Obrigações do Tesouro Nacional) (art. 34, da Lei nº 6.830, de 22 de setembro de 1980). O recurso a ser interposto é o Embargo infringente do julgado, denominação que preferimos em vez de embargo infringente de alçada. Esse recurso é julgado pelo próprio juiz que proferiu a sentença recorrida. O segundo é o resultante da sentença proferida em

---

[92] Sérgio Bermudes, *Curso de Direito Processual...*, op. cit., p. 50.

[93] Na "Exposição de Motivos" do Código de Processo Civil de 1973, nº 6, correspondente à nota nº 7, o Prof. Alfredo Buzaid, com remissão a Carnelutti e Betti, diz "O projeto só usa a palavra 'lide' para designar o mérito da causa".

juízo arbitral, na forma da recente legislação (Lei nº 9.307, de 23 de setembro de 1996, art. 18).

Interessante é a nova situação dos processos de liquidação de sentença por arbitramento ou por artigos, nos termos da nova redação do art. 603 e seu parágrafo único do CPC. Efetivamente, tais processos, de cunho cognitivo, não se confundem com o processo de execução, anterior a eles, mas o recurso de apelação é absolutamente cabível, nos moldes do processo de conhecimento. A determinação da citação do réu, na pessoa do seu advogado, segundo a nova redação do art. 603, parágrafo único, comprova a opção do legislador no sentido de considerar a existência de um novo processo de conhecimento, no qual o objeto é, exclusivamente, a liquidação da sentença não mais sujeita à impugnação.

Em conclusão, tendo em vista o Código de Processo Civil, para os objetivos desta exposição, conceituamos *o recurso de apelação como o remédio jurídico posto à disposição das partes, do Ministério Público ou de um terceiro interessado, pela lei, a viabilizar, dentro da mesma relação jurídico-processual, o exame de uma possível anulação ou reforma da sentença que extingue o procedimento de primeiro grau, que tenha ou não resolvido o mérito.*

Capítulo III

3. Dos pressupostos de admissibilidade do recurso de apelação

3.1. Introdução ao tema

A compreensão do fenômeno respeitante aos requisitos de admissibilidade do recurso de apelação só é exata quando se tem a noção de dois outros fenômenos, quais sejam, o juízo de admissibilidade do recurso, contrastando com o juízo de mérito do mesmo. É indispensável, assim, uma breve noção desses dois fenômenos, o que adiante veremos.

A atividade jurisdicional no sistema jurídico brasileiro segue o princípio da iniciativa da parte (*ne procedat iudex ex officio*)[94], daí por que todo processo tem como ponto de partida uma demanda, materializada mediante uma peça escrita, desencadeando, com isso, a entrega da

---

[94] O princípio da iniciativa da parte também é conhecido, em sede doutrinária, como o princípio da demanda. Sobre a distinção entres os princípios da demanda e dispositivo, confira Ovídio Araújo B. da Silva, *Curso de Processo Civil*, V. I, Porto Alegre: Sérgio Fabris Editor, 1987, p. 49. Sobre os fundamentos do princípio dispositivo, é indispensável a consulta a ensaio do Prof. Enrico T. Liebman, *Fondamento del princípio dispositivo*, pp. 3 e seguintes *in Problemi del Processo Civile*. Milano: Morano Editore, 1962. Ver também as considerações de Nelson Nery Júnior acerca do princípio dispositivo e da iniciativa da parte em artigo intitulado *Intervenção do Ministério Público nos Procedimentos de Jurisdição Voluntária*. v. 135, Revista Justitia, jul/set., 1986, p.46.

atividade jurisdicional, como conseqüência do princípio da inevitabilidade da jurisdição[95].

A pretensão de direito material articulada no processo pelo autor enseja um pedido consubstanciado no bem da vida que este deseja obter. É o denominado pedido mediato, em contraposição com um outro pedido que o acionante também faz ao propor uma demanda consistente na solicitação da prestação da tutela jurisdicional. A este alcunhamos de pedido imediato.

A atividade jurisdicional se encerra através de um ato praticado exclusivamente pelo juiz, qual seja a sentença, na qual se formula a regra jurídica concreta para o caso. Essa regra jurídica concreta somente poderá surgir se existirem condições de garantias de uma decisão justa, o que ocorrerá se adotarmos inúmeras cautelas sobre o funcionamento do mecanismo apto a produzir um pronunciamento justo. Por outro lado, tendo em vista as complicadas e crescentes exigências sociais, cria-se uma estrutura dispendiosa e sobretudo complexa para a resolução dos conflitos.

Em razão dessa dupla preocupação, estabelecem-se dois tipos de regras: a primeira, relativa aos pressupostos de existência e validade do processo; a outra, às condições sem as quais não se tem aptidão a exercer o direito de ação[96]. Tais questões são, assim, como que preliminares ao conhecimento do mérito. Deste modo, na apuração de quem tem ou não razão, mais precisamente, se o autor ou o réu, antes de averiguar se a demanda procede ou improcede, necessita o juiz fazer uma investigação prévia acerca daquelas preliminares. A conseqüência inevitável de tal ordem desemboca nas seguintes respostas: se positivo no sentido da inexistên-

---

[95] Vicente Greco Filho, *Direito Processual Civil Brasileiro*, V. 2, São Paulo: Saraiva, 1995. p.168; Athos Gusmão Carneiro, *Jurisdição e Competência*, São Paulo: Saraiva, 1982, p.10; e Ada P. Grinover e outros, *Teoria Geral do Processo*, São Paulo: Revista dos Tribunais, 2 ed., 1987, p.90.

[96] José Carlos Barbosa Moreira, *O juízo de Admissibilidade...*, op. cit., pp. 93-94.

cia de qualquer preliminar, o órgão judicial provê sobre o mérito; caso contrário, frente à existência de uma preliminar, o magistrado declara a impossibilidade de apreciar a pretensão de direito material coligida no processo. As questões preliminares, como é intuitivo, podem variar essencialmente: algumas têm natureza processual; outras, material, como, por exemplo, as relativas à *legitimatio ad causam*. Essas questões, que completam o objeto de um juízo logicamente anterior àquele que penetra sobre o pedido deduzido no processo, constituem-se no que se pode denominar de *juízo de admissibilidade*. Então, estando presentes todos os requisitos para que o órgão judicial pronuncie a regra jurídica concreta, deparamo-nos frente a um juízo positivo de admissibilidade: o juiz reconheceu, naquele processo, a válida constituição e desenvolvimento da relação processual e o exercício adequado do Direito de ação. O processo findará com uma sentença que lhe apreciou o mérito. Na outra situação, ao revés, à falta de um ou mais daqueles requisitos, o magistrado pronunciará um juízo negativo de admissibilidade (ou juízo de inadmissibilidade) que redundará na abstenção do exame do mérito da causa.

Não paira dúvida acerca da possibilidade de se estabelecer uma correlação entre ação e recurso, de tal modo que se poderia transpor, como já se percebeu pela exposição acima, para a fase recursal, no que tange ao exame dos requisitos de admissibilidade do recurso de apelamento, as prescrições relativas às condições da ação: legitimidade para a causa, interesse de agir e possibilidade jurídica do pedido (art. 267, VI, do CPC)[97].

Visto o fenômeno desse ângulo, é forçoso reconhecer, de efeito, que o juízo de admissibilidade dos recursos corresponde ao exame dos requisitos que a lei prescreve, como indispensáveis ao exame do juízo de mérito. O juízo de admissibilidade do recurso antecede,

---
[97] Nelson Nery Júnior, *Princípios Fundamentais*..., op. cit., p. 73.

lógica e temporalmente, à resolução do mérito. Por outro lado, dizer-se que a pretensão recursal é fundada ou não, corresponde ao objeto do recurso, que podemos chamar de juízo de mérito. Não se deve, porém, esquecer que o mérito do recurso não coincide, necessariamente, com o mérito da causa, bem como as preliminares do recurso não se identificam com as preliminares da mesma[98]. A praxe forense identifica esses fenômenos pelas expressões *conhecer* e *não conhecer*, reservando-as para qualificar o juízo de admissibilidade do recurso, e as locuções *dar provimento* ou *negar provimento* [99] para determinar o juízo de mérito do recurso.

Ao órgão revisional atribuiu a lei a competência para proceder ao exame definitivo da admissibilidade do recurso de apelação. Por questões eminentemente procedimentais[100], a lei processual dispõe que o juízo *a quo* examine os requisitos de admissibilidade do recurso, podendo, inclusive, reformar sua decisão anterior que recebera o recurso. A possibilidade de reforma da decisão de admissibilidade é salutar inovação do legislador brasileiro, introduzida pela Lei nº 8.950, de 13 de dezembro de 1994. A alteração legislativa tornou o juízo de admissibilidade do recurso de apelação uma decisão revogável[101].

---

[98] José Carlos Barbosa Moreira, *O juízo de Admissibilidade no Sistema...*, op. cit., pp. 110-111.
[99] José Carlos Barbosa Moreira, *O juízo de Admissibilidade no Sistema...*, op. cit., p. 100, e Nelson Nery Júnior. *Princípios Fundamentais...*, op. cit., p. 74.
[100] O Prof. Nelson Nery Júnior na obra citada na nota anterior, sustenta que há a possibilidade de o juízo *a quo* optar pela admissibilidade em razão do princípio da economia processual, p. 77.
[101] O Prof. Nelson Nery Júnior sustentava, à luz do ordenamento jurídico anterior, que o juízo de admissibilidade positivo era irrevogável. O mesmo pensamento vem exposto por Barbosa Moreira, *O Juízo de Admissibilidade...*, op. cit., nº 102, p. 184, onde diz expressamente o seguinte: "Supúnhamos, por exemplo, que, interposto e admitido o recurso, sobrevenha algum fato capaz de elidir o interesse na impugnação. A lei não confere ao órgão inferior o poder de reexaminar a questão e trancar o andamento do recurso. Ocorreu a preclusão, que obsta a essa contramarcha. Fica a matéria reservada ao conhecimento do juízo competente para julgamento do recurso. O

A decisão do juiz *a quo* que inadmite o processamento do recurso de apelação é interlocutória, na forma do que dispõe o § 2º do art. 162 do CPC. Desafia essa decisão o recurso de agravo, na estrita modalidade instrumental ou de subida imediata. Descabe o recurso de agravo retido por falta do pressuposto *interesse em recorrer*, uma vez que esse recurso necessita, para seu exame, de prévia apelação. Se a apelação for considerada deserta pelo juiz *a quo*, por ocasião do primeiro ou do segundo exame de admissibilidade recursal, é conclusivo que o agravo retido jamais poderá ser examinado. Este foi o motivo pelo qual a Lei nº 9.139, de 30 de novembro de 1995, no § 4º do art. 523, estabelece a obrigatoriedade da interposição do agravo retido das decisões proferidas após a sentença, exceto quando for inadmitida a apelação. Situação oposta é aquela em que a apelação sobe ao órgão judicial revisor. A inadmissibilidade da apelação não impede a análise do agravo retido, pois o conhecimento do primeiro recurso, pelo órgão revisional, não é pressuposto de admissibilidade do agravo sob o regime de retenção[102].

mesmo sucede se, após o recebimento, se verifica a ausência de requisito que devia preexistir e em cuja falta, por inadvertência, não se atentara. Em qualquer desses casos, é irrevogável o deferimento da interposição." Como se observa, o legislador reformador optou pela modificabilidade da decisão com objetivo exclusivo de presteza na entrega da atividade jurisdicional, o que, efetivamente, não ocorre, pois a nova decisão poderá ser objeto de agravo de instrumento, com todos os entraves procedimentais desse recurso. Nesse sentido é o pensamento de Nelson Nery Júnior, *Atualidades sobre o Processo Civil*, São Paulo: Revista dos Tribunais, 1996, p. 135.

[102] No sentido do texto, Barbosa Moreira, *Comentários ao CPC*, op. cit., pp. 562-563. Inexato, no particular, é o pensamento de Sérgio Bermudes, *Comentários ao CPC*, op. cit., v. VII, pp.165-166, que sustenta o seguinte: "O agravo, que fica retido, não depende de preparo (art. 527, § 2º), razão por que não se há de decretar a deserção dele. No entanto, julgada deserta a apelação a que estiver subordinado, seu julgamento ficará prejudicado. Aliás, se, por qualquer motivo, não se puder admitir a apelação, não se decidirá o agravo, pois sua admissibilidade está vinculada à daquele recurso". Se o agravo retido é julgado "preliminarmente" ao recurso de apelação, infere-se que a apelação deve chegar ao órgão revisional para ser examinada. Se é inadmissível, tal circunstância não impede o exame do agravo retido, pois dentre os seus

Estabelecidas essas distinções básicas, o passo seguinte é a discriminação do objeto do juízo de admissibilidade do recurso, isto é, a enumeração dos requisitos indispensáveis (pressupostos ou condições) para que o órgão judicial revisor possa julgar o mérito do recurso. A classificação adotada em sede doutrinária tem variado entre os autores, alguns preferindo aquela em que os requisitos são elencados em objetivos e subjetivos, consoante digam com o recurso em si mesmo considerado, ou à pessoa do recorrente[103]. Outros, porém, alinham os

---

requisitos de admissibilidade está a existência de apelação a ser julgada posteriormente ao agravo retido.

[103] Esta classificação dos pressuspostos recursais, em objetivos e subjetivos, é sustentada por Moacir Amaral dos Santos, *Primeiras Linhas de Direito Processual Civil*, v. III, São Paulo: Saraiva, 1979, pp. 79 e seguintes. Para este autor, os pressupostos objetivos são: a) a recorribilidade do ato decisório; b) a tempestividade do recurso; c) a singularidade do recurso; d) a adequação do recurso; e) o preparo do recurso. Refere, ainda, que os recursos apresentam pressupostos objetivos próprios, só verificáveis no exame de cada um em particular. Os subjetivos: legitimidade e interesse em recorrer, resultante este do prejuízo, mais precisamente da sucumbência. Semelhante classificação apresenta Marcos Afonso Borges, em ensaio denominado *Dos Recursos*, publicado na Revista Brasileira de Direito Processual, Uberaba, 1975, 1 : p.133, acrescentando a motivação como pressuposto. Rogério Lauria Tucci, *Curso de Direito Processual Civil*, v. III, São Paulo: Saraiva, 1989, pp.261 e seguintes, também classifica os requisitos de admissibilidade do recurso em objetivos e subjetivos, com alguns acréscimos à classificação fornecida por Moacir Amaral dos Santos, a saber: pressupostos objetivos: a) recorribilidade do ato decisório; b) tempestividade do recurso; c) adequação do recurso; d) singularidade do recurso; e) motivação do recurso; f) regularidade procedimental. Os subjetivos são os seguintes: a) legitimação para recorrer; b) interesse em recorrer; c) atuação recursal desembaraçada. Por "atuação recursal desembaraçada", expressão *sui generis*, Rogério Lauria Tucci entende a inexistência de fato impeditivo da apreciação do recurso (a ocorrência de transação, reconhecimento da procedência do pedido, desistência da ação ou, ainda, renúncia ao direito sobre que se funda a ação), bem como a sua desistência, a renúncia ao recurso e a aceitação ao decidido, op. cit., p. 272. Sérgio Bermudes, *Curso de Direito...*, op. cit., p.22, adota a mesma classificação de Moacir Amaral dos Santos, excluindo dos pressupostos recursais objetivos o "preparo". No que tange aos requisitos subjetivos, adere integralmente à classificação de Amaral dos Santos. A classificação formulada por Guido Santiago, op. cit., p. 72, é curiosa. Os pressupostos comuns ao recurso de apelação são os seguintes: a) a existência de uma intervenção anterior de um tribunal; b) que essa intervenção tenha tido lugar em um caso ou controvérsia judicial; c) que nesse juízo se tenha resultado uma questão

requisitos em intrínsecos, de um lado e, de outro, os extrínsecos. Aqueles são os concernentes à própria existência do poder de recorrer; estes, relativos ao modo de exercê-lo. Para alguns processualistas, enfileiram-se no primeiro grupo os seguintes requisitos: cabimento, legitimação para recorrer, interesse em recorrer e inexistência de fato impeditivo ou extintivo do poder de recorrer. O segundo grupo compreende: tempestividade, regularidade formal e preparo[104]. Para outros, a classificação também leva em linha de conta os requisitos intrínsecos e extrínsecos, adotando a decisão judicial como objeto do recurso[105]. Assim, os pressupostos seriam: a) intrínsecos: cabimento, legitimidade para recorrer, interesse em recorrer; b) extrínsecos: tempestividade, regularidade formal, inexistência de fato impeditivo ou extintivo do poder de recorrer e preparo[106]. Estamos de acordo com a classificação esposada acima, pois as condições intrínsecas dizem respeito à decisão propriamente dita. Os pressupostos extrínsecos, ao contrário, referem-se às questões externas à decisão judicial. Frise-se, ademais, que algumas dessas condições poderão tornar-se inexigíveis em determinados casos: mencionamos a hipótese

justificável; d) que a decisão cause gravame e exista, portanto, um interesse jurídico para sustentar a impugnação; e) que a via processual intentada resulte apta a reparar o gravame; f) que os requisitos acima mencionados subsistam no momento em que o tribunal aprecie o recurso.

[104] Barbosa Moreira, *Comentários...*, p. 299. Cláudio Manoel Alves, *A Apelação Adesiva*, vol. XIII, Uberlândia: Revista do Curso de Direito da Universidade Federal de Uberlândia, s/ed, 1984, p.78, adere à classificação das condições recursais proposta por Barbosa Moreira. Esta classificação de Barbosa Moreira também é, pelo que se depreende do texto, a adotada pelo Prof. Ovídio A. Baptista da Silva, op. cit., p. 350. Pensamos que haja ocorrido um erro de impressão no livro, pois o Prof. Ovídio indica como referência a obra do Prof. Barbosa Moreira, apenas invertendo a descrição dos pressupostos, de tal modo que onde estão indicados os pressupostos extrínsecos devemos entendê-los como pressupostos intrínsecos e vice-versa.

[105] O Prof. Nelson Nery Júnior adota a nomenclatura eleita pelo Prof. Barbosa Moreira, porém levando em conta a decisão judicial que é objeto do recurso, *Princípios Fundamentais...*, nota de rodapé nº 167, op. cit., p. 91.

[106] Nelson Nery Júnior, *Princípios Fundamentais...*, op. cit., p. 92.

de o recurso de apelação ser manejado pelo órgão do Ministério Público, situação na qual não se pode cogitar da necessidade de preparo, por exemplo.

3.2. Requisitos intrínsecos de admissibilidade

3.2.1. Cabimento do recurso

Na esteira da melhor doutrina[107], o cabimento do recurso comporta a distinção de dois elementos que o integram: a recorribilidade da decisão e a adequação do recurso interposto em face da decisão proferida[108]. Em relação ao recurso de apelação, a questão se resolve sem maiores dificuldades. No que concerne à recorribilidade, a sentença é ato decisório passível de enfrentar impugnação, nos exatos termos do disposto no art. 513 do CPC. Por outro lado, no que toca à adequação, o recurso de apelação somente poderá ser usado quando se desejar a anulação ou reforma de sentença que tenha extinguido o procedimento, com ou sem resolução do mérito.

Não há dúvida de que o recurso estampado no art. 41 da Lei nº 9.099, de 26 de setembro de 1995, que criou o Juizado Especial Cível, pode ser nominado de apelação. A doutrina[109] aponta o recurso previsto neste artigo como *recurso inominado*. Primeiro, porque a lei especial não o teria apelidado de apelação. Segundo, haja vista a

---

[107] José Carlos Barbosa Moreira, *O Juízo de Admissibilidade...*, op. cit., p. 113, e Nelson Nery Júnior *Princípios Fundamentais...*, op. cit., p. 93.

[108] Recorribilidade da decisão significa que essa é passível de sofrer impugnação mediante o exercício de um recurso, ou seja, que a decisão comporte algum recurso. Adequação quer dizer que deve ocorrer uma coincidência entre o recurso usado com aquele que a lei indica como o adequado para o caso. Ver, sobre o tema, Barbosa Moreira, *Juízo de Admissibilidade...*, op. cit., p.113, e Nelson Nery Júnior *Princípios Fundamentais...*, op. cit., p. 93.

[109] José Carlos Barbosa Moreira, *O Novo Processo Civil Brasileiro*, Rio de Janeiro: Forense, 11ª ed., 1991, p. 161.

impossibilidade de incidência do sistema recursal comum (do CPC) no sistema recursal da Lei dos Juizados Especiais, que consistiria num rito procedimental especial e próprio, resultando, portanto, num microssistema fechado.

Ousamos divergir desse posicionamento em que pese a ótica legal, pelo menos sob o ponto de vista científico. Em primeiro, assentamos a idéia de que o recurso inserto no art. 41 da Lei dos Juizados Especiais é verdadeiramente um recurso de apelação, com algumas regras procedimentais diversas das estatuídas no CPC. A sentença proferida nas causas sujeitas ao Juizado Especial tem a mesma natureza jurídica da sentença oriunda de uma relação processual submetida às regras do CPC. Aliás, o conceito de sentença como ato decisório que comporta a extinção do procedimento, com ou sem a resolução do mérito da causa, pode ser usado nas causas sujeitas à Lei dos Juizados Especiais. Por outro lado, o conceito de apelação, exposto no capítulo anterior, soa perfeitamente compatível com ato decisório final (sentença) prolatado no Juizado Especial e o recurso estabelecido no art. 41. Trata-se de atos processuais da mesma natureza jurídica. Não paira discussão quanto à assertiva de que a lei especial deve prevalecer na aplicação, sobre a geral, no tocante à matéria em que esta for incompatível com o próprio sistema especial. Assim, à falta de um regramento específico, o aplicador da lei se utiliza da norma de caráter geral, supletiva e complementarmente. Por isso, o intérprete pode, no caso, sem maiores dificuldades, aplicar as regras do CPC, pertinentes ao recurso de apelação, ao recurso do art. 41.

Como já foi dito anteriormente, além de se exigir que a decisão seja passível de recurso, por meio de remédio previsto pela lei processual, é mister, em integração ao requisito do cabimento, que haja adequação entre o remédio manejado e o colocado à disposição do recorrente, ou em outras palavras, o recurso a ser interposto deve ser o adequado para o modelo de decisão que se deseja refutar. Já se sabe que o recurso inadequado não será conhecido.

Quando se trata do requisito "cabimento", mais precisamente, da adequação recursal, como elemento integrativo do pressuposto em pauta, é inevitável que se faça menção ao princípio da singularidade recursal[110]. Por este princípio, para cada tipo de decisão judicial recorrível só existe um único tipo adequado. Deste modo, é impensável que se ataque uma sentença, simultaneamente, por meio de um agravo e de uma apelação, mesmo que, em seu conteúdo, se tenha resolvido uma questão incidente, pois para fins recursais a decisão é incindível. Constatada a recorribilidade da decisão judicial, os nossos olhos se concentram na escolha do adequado, segundo o elenco dos recursos ditados pela lei processual (princípio da taxatividade recursal[111]). Da sentença (art. 162, § 1º, CPC) da qual se almeje a anulação ou a reforma, o recurso é a apelação. Da decisão interlocutória, o recurso é o agravo, retido ou de instrumento.

Questão que gravita em torno do cabimento do recurso de apelação, mais precisamente em relação ao problema da adequação, é a incidência do princípio da fungibilidade recursal[112], consistente na possibilidade de considerar-se o recurso inadequadamente interposto

---

[110] Nelson Nery Júnior, *Princípios Fundamentais...*, op. cit., p. 293.

[111] Ibidem, p. 254. Este princípio significa, em poucas palavras, que a lei processual elenca os recursos cabíveis. Assim, qualquer instituto que tenha por fito alterar uma decisão e que não tenha sido taxativamente indicado como recurso, não o é, podendo ser qualificado como uma ação autônoma de impugnação.

[112] Sobre o princípio da fungibilidade recursal, consultar James Goldschmidt, op. cit., p. 402. Este jurista alemão relata que o princípio da fungibilidade recursal decorre da teoria do "recurso indiferente" (Sowohl-als-auch-Theorie). Também sobre o assunto deve-se examinar as observações de Alcides de Mendonça Lima, *Introdução...*, op. cit., p. 244. Ver, ainda, Nelson Nery Júnior; *Princípios Fundamentais...*, op. cit., p. 310 e José Carlos Barbosa Moreira, *Juízo de Admissibilidade*....., op. cit., p. 114, nº 32.

como sendo o adequado, exigindo a doutrina para que assim se proceda, que inexista "erro grosseiro" ou "má-fé" na interposição do recurso incorreto, na linha do que dispunha o art. 810 do estatuto processual civil de 1939. Sabe-se que o texto processual em vigor não reproduziu norma semelhante à do art. 810, o que levou, nos primórdios da aplicação da nova lei, a sustentar-se que o princípio tinha sido banido da legislação processual pátria[113].

Na atualidade, tanto a jurisprudência como a doutrina, em voz uníssona, proclamam a aplicação do princípio da fungibilidade recursal[114]. A interrogação doutrinária gira em torno da extensão dos conceitos de "erro grosseiro" e de "má-fé". É induvidoso, de efeito, que o princípio tem aplicação no sistema recursal brasileiro, alinhando expressivo segmento doutrinário[115] os seguintes requisitos para tanto: a) dúvida objetiva sobre qual o recurso cabível; b) inexistência de erro grosseiro; c) irrelevância do prazo do recurso próprio.

---

[113] José Carlos Barbosa Moreira, *Comentários ao Código...*, op. cit., pp. 284-285. Ele sustenta que o fato de o Código de 1973 não reproduzir a regra do art. 810 do CPC de 39, não induz a circunstância de que a sistemática adotada teria eliminado *a priori* qualquer erro não-grosseiro do recurso. Sustenta, finalmente, que a aplicação do art. 250 permitiria considerar-se em vigor o princípio da fungibilidade recursal. Coerente com o nosso pensamento é a lição do Prof. Alcides de Mendonça Lima, *Introdução aos Recursos...*, op. cit., p. 245, quando sustenta que "Somente razões muito ponderáveis, muito sérias, muito evidentes devem impedir o julgamento de um recurso, salvo revelando que não existe a intenção honesta de tentar a reforma da decisão, mas o vil propósito de agir com malícia, por via de erro grosseiro, para prejudicar a parte vencedora, procrastinando a efetivação do direito que lhe foi assegurado pelo julgado recorrido."

[114] Nesse sentido, manifesta-se a jurisprudência, aplicando o princípio da fungibilidade: RT 687/193; RT 700/134; RT 687/104; RJTJRGS 160/350; RJTJRGS 152/546. "Processual Civil. Exibição de documentos. Recurso recebido no Tribunal como agravo. Embargos infringentes. Não cabimento. Exibição como incidente processual. Clareza do requerimento da parte. Ato final do incidente caracterizado como decisão interlocutória. Fungibilidade" (Recurso Especial nº 34.205, julgado em 11.06.1996, Rel. Min. Sálvio de Figueiredo Teixeira).

[115] Nelson Nery Júnior, *Princípios Fundamentais...*, op. cit., p. 316.

Em princípio, a lei não geraria qualquer dúvida acerca do recurso a ser interposto, pois o Código define os atos recorríveis (art. 162), indicando o recurso apropriado: da sentença cabe apelação; da decisão interlocutória o recurso é o agravo (arts. 513 e 522, por exemplo). Todavia, existem situações em que o próprio legislador denomina uma decisão interlocutória como sentença ou vice-versa, impedindo a exata qualificação do ato jurisdicional[116]; outras vezes, a doutrina e/ou a jurisprudência[117] se encarregam de divergirem na classificação dos pronunciamentos judiciais, o que dificulta o apontamento do recurso cabível; e, finalmente, o magistrado profere uma decisão em lugar de outra[118].

A inexistência de erro grosseiro é o requisito seguinte que devemos examinar, presente a dúvida objetiva sobre qual o recurso cabível. Como se tem dito, não é pacífica na doutrina e na jurisprudência a extensão do conceito de "erro grosseiro"[119]. De qualquer modo, parece certo que por "erro grosseiro" há de se entender a substituição do recurso indicado pela lei, em termos expressos e inequívocos, tal como ocorreria com a interposição do recurso de agravo de instrumento da decisão que tivesse indeferido a petição inicial, nos termos do

---

[116] Nesse primeiro grupo podemos referir: a) a interlocutória que decide o pedido de remição de bens no processo de execução, que o art. 790, *caput*, denomina, equivocadamente, como sentença; b) a hipótese do art. 718, que diz ser "sentença" a manifestação do juiz que, no curso do ação de execução, constituí o usufruto de empresa ou imóvel, por exemplo.

[117] No segundo grupo: a) a rejeição liminar de reconvenção ou ação declaratória incidental (art. 325); b) o pronunciamento do juiz que resolve o incidente de falsidade documental (art. 395); c) o ato que decide o incidente de remoção de inventariante (art. 997); d) decisão que exclui do processo litisconsorte.

[118] No terceiro grupo, finalmente, poderíamos incluir a decisão do magistrado que reconhecendo a incompetência absoluta do juízo, em vez de remeter os autos ao juízo competente, indefere a peça vestibular.

[119] Na tentativa de conceituação, posicionamento do TJRGS, publicado na RJTJRGS 163/231, entendendo não se tratar de erro grosseiro, o resultante da contrariedade entre o recurso utilizado e a orientação jurisprudencial majoritária.

art. 296, CPC, em vez do recurso de apelação, ou ainda, agravar-se da sentença prolatada na ação de interdição, uma vez que o art. 1.184 estatui que a sentença está sujeita à apelação, ou ainda, agravar de instrumento contra as decisões proferidas em audiência nas ações que tramitam pelo procedimento sumário, pois o que dispõe o inciso III do art. 280, com a redação introduzida pela Lei nº 9.245, de 26 de dezembro de 1995, é exatamente admitir-se somente o agravo retido[120].

O afastamento do "erro grosseiro" está vinculado à seriedade da questão recursal interpretativa, mesmo que o recorrente a tenha resolvido incorretamente[121].

Finalmente, o terceiro e último requisito diz respeito à irrelevância do prazo de interposição do recurso próprio, para substituição do recurso inadequado pelo adequado. Alguns processualistas de nomeada têm sustentado[122] a possibilidade de conversão do recurso incabível no recurso cabível se aquele foi manejado no prazo de sua interposição. O argumento principal desta tese é de que a fungibilidade recursal tem por escopo mediato a parte. É regra existente em prol da parte. Além disso, o então art. 810 do CPC de 1939 não exigia, como pressu-

---

[120] Da mesma forma, não se aplica o princípio da fungibilidade recursal ao caso de apelação interposta de decisão que afastou da lide alguns litisconsortes, excluídos da medida cautelar inominada, situação em que, por se tratar de decisão interlocutória, caberia agravo de instrumento, RT 720/119.

[121] José Carlos Barbosa Moreira, O Juízo de Admissibilidade..., op. cit., p. 115.

[122] Nelson Nery Júnior, Princípios Fundamentais..., op. cit., pp. 335 e seguintes; Alcides de Mendonça Lima, Introdução..., op. cit., p. 256; Teresa Arruda Alvim Pinto, Dúvida Objetiva: Único pressuposto para a aplicação do princípio da fungibilidade, v. 65, Revista de Processo, 1992, pp. 56-74 e José Barbosa Moreira, Juízo de Admissibilidade..., op. cit., à época da vigência do Código de 1939, aderiam a tal tese. Escrevendo, todavia, na vigência do atual Código, que não disciplina o princípio do recurso indiferente, o jurista carioca expressamente reconhece o seguinte: "Mais duvidoso é que a possibilidade do aproveitamento subsista, como no direito anterior, mesmo que o recurso impróprio seja interposto dentro do seu prazo específico, mas fora do concedido para a interposição do recurso próprio." in Comentários..., op. cit., p. 286.

posto da aplicação do princípio, que o recurso interposto o tenha sido no prazo do recurso correto. Embora reconhecendo os bons argumentos expendidos em abono da tese, divergimos deste entendimento. Em primeiro lugar, o princípio da fungibilidade recursal não foi acolhido, expressa ou sequer implicitamente, pelo sistema revisional no Código de 1973. Se o legislador não cunhou, expressamente, a regra da troca recursal, este fato decorreu da consideração de que o sistema recursal forjou-se numa estrutura simplificada. Com isso, reduziu-se o número de recursos, definindo-se, pelo menos sob o prisma legal, os institutos sentença, decisão interlocutória, etc. A doutrina admite o princípio, máxime em função do princípio da instrumentalidade das formas, consagrado expressamente nos arts. 244 e 250, do CPC[123]. A máxima "o erro de forma, não pode prejudicar a essência" é adequadamente aplicável. Com efeito, somente razões muito sérias, muito graves devem obstacularizar o exame de um recurso, pois não se pode prejudicar o interesse substancial das partes por amor ao tecnicismo[124]. Não se pode olvidar, porém, que o princípio não foi ditado pela lei, e sua recepção pela nova legislação até pode ser admitida, principalmente porque não é incompatível com a nova sistemática, como já demonstrado. Entretanto, sob essa visão, as regras que fazem o conteúdo do princípio devem ser aplicadas como regras de exceção, resultando numa interpretação restritiva. Quer-nos parecer, assim, que, no sistema recursal vigente, não há lugar para o entendimento de que o recorrente deve apenas observar o prazo do

---

[123] Teresa Arruda Alvim Pinto, *Dúvida Objetiva: Único...*, op. cit., p. 59. Ele sustenta expressamente que o princípio da fungibilidade não é extensão do significado do preceito do art. 250 do CPC, pois a sua aplicação supõe que não haja erro. Entendendo que o princípio se harmoniza com a regra do art. 250 do CPC, é a opinião do Prof. Barbosa Moreira, *Comentários ao CPC*, op. cit., p. 286. No mesmo entendimento, jurisprudência do Tribunal de Justiça do Paraná, RT 700/134.

[124] Barbosa Moreira, *Comentários ao CPC*, op. cit., p. 286.

recurso efetivamente interposto, tido por ele como o correto para a espécie. Em segundo lugar, não podemos esquecer que as regras pertinentes ao prazo para a prática de ato processual impugnativo (ou seja, para a interposição de um recurso) têm caráter peremptório, ou seja, inadmitem dilação por convenção das partes ou por decisão do magistrado.

Por outro turno, necessitamos considerar que, ultrapassado o prazo do recurso correto, a interposição pelo recorrente da irresignação seria tardia, culminando com a preclusão da decisão atacada. Tal circunstância é, no nosso sentir, óbice intransponível à aplicação do princípio da substituição recursal. Se, por exemplo, "A" interpõe um recurso de apelação, no décimo quinto dia após a cientificação da decisão, portanto, no último *dies ad quem* do recurso interposto, o Tribunal, mesmo que considere o recurso de apelação como impróprio, concebendo ser o agravo o correto, a decisão interlocutória precluiu exatamente após o vencimento do 10º dia. Como aceitar atempado um agravo que foi manejado no 15º dia? Apenas aceitar-se-ia, porque o princípio foi criado em benefício da parte? Não nos parece correto tal entendimento. A crítica que fez o Prof. José Carlos Barbosa Moreira, acerca desse tema, sempre levou em conta o verbo legal inserto no art. 810 da legislação de 1939, que afirmava categoricamente que "a parte não será prejudicada pela interposição de um recurso por outro"[125]. Agora, não tendo o legislador brasileiro, expressa ou implicitamente, como já referido, acolhido o princípio e sequer consignado regra semelhante, não deve ser discutida, impondo-se por si mesma uma interpretação restritiva.

Finalmente, não sentimos nenhuma negação à existência do princípio da fungibilidade na exigência da interposição do recurso errado no prazo do recurso

---
[125] Barbosa Moreira, *Juízo de Admissibilidade*..., op. cit., p. 118.

próprio, mesmo porque tal situação só tem cabimento na hipótese de uso do recurso de apelação, tendo sido ultrapassado o prazo para a interposição do agravo[126].

3.2.2. Legitimidade para recorrer

O não-conhecimento do recurso não está apenas vinculado ao fato de a decisão ser recorrível e tampouco que se utilize do recurso adequado, ou seja, não é suficiente para que um recurso seja conhecido que a decisão comporte irresignação, e que esta seja manifestada utilizando-se do recurso apropriado. É mister que o interponha quem apresente qualidades para tal. Saber quem pode recorrer é passarmos do plano objetivo para o plano subjetivo, ou seja, é respondermos à indagação sobre quem (a pessoa) pode, legitimamente, pedir revisão da decisão proferida e, sobretudo, obter um novo pronunciamento.

É concebível, por outro lado, um sistema em que se permitisse a qualquer pessoa recorrer de uma decisão judicial que considerasse injusta, pois, neste caso, estar-se-ia realizando uma "representação idealizada do Estado de Direito" [127]. Porém, por razões de oportunidade e conveniência, o legislador trata de restringir o rol dos pretensos recorrentes. É o que faz a lei no art. 499 do CPC:

"Art. 499. O recurso pode ser interposto pela parte vencida, pelo terceiro prejudicado e pelo Ministério Público.

§ 1º Cumpre ao terceiro demonstrar o nexo de interdependência entre o seu interesse de intervir e

---

[126] Nesse sentido, jurisprudência do Tribunal Regional Federal - 1ª Região, publicada na RT 726/430.

[127] Zur Baur, 'Beschwer' im Rechtsmittelver des Zivilprozesses, In: Festschrift für Friedrich Lent. p. 7, apud Barbosa Moreira, Juízo de Admissibilidade..., op. cit., p. 118.

a relação jurídica submetida à apreciação judicial.
§ 2º O Ministério Público tem legitimidade para recorrer assim no processo em que é parte, como naqueles em que oficiou como fiscal da lei."

Vamos examinar as hipóteses específicas de quem tem legitimidade para interpor uma irresignação.

Em primeiro lugar, devemos estudar a figura das partes, isto é, do autor e do réu[128] como pessoas legitimadas a recorrer. O conceito de parte é essencialmente processual, podendo-se dizer que "apenas as pessoas que tomam parte no processo, como elementos componentes do litígio é que deverão ser designadas como partes", como bem ensina Ovídio Araújo Baptista da Silva[129] [130]. Por isso, podemos afirmar que parte é toda a

---

[128] Paolo D'Onofrio, *Appello, Novissimo Digesto Italiano*, p. 728, diz que "il diritto di promuoverlo può primo giudizio anch se il giudice avesse omesso di pronunciare nei suoi riguardi", admitindo a distinção entre parte em sentido formal e material, como se vê no nº 9, também na p. 728.

[129] Vide *Curso de Processo Civil*, v. I, p. 186. Equivocado, a nosso sentir, o pensamento de Carnelutti, que empregava o conceito de parte em sentido formal, para indicar as posições dos sujeitos do processo, distinguindo-os das partes em sentido material, que seriam os sujeitos da lide, como nos refere o Prof. Ovídio A. B. da Silva, op. cit., também na p. 186. No conceito de parte, incluem-se os sucessores universais, os sucessores particulares, tais como os donatários e legatários, estes, evidentemente, nas ações em que estejam em discussão todo ou parte dos bens doados ou legados, consoante o pensamento de Agustin A. Costa, *El Recurso Ordinario de Apelación en el Proceso Civil*, Buenos Aires: Asociación de Abogados de Buenos Aires, 1950, p. 49.

[130] Maria Berenice Dias, *O Terceiro no Processo*, Rio de Janeiro: Aide Editora, 1993, pp.68-69, afirma que parte evidencia sempre a presença de figurantes do processo, em posição ativa ou passiva. Adota a eminente magistrada do Tribunal de Justiça do Estado do Rio Grande do Sul, o conceito de Chiovenda em relação a esse tema, bem como o pensamento de Araken de Assis, segundo o qual o autor é aquele que pede a tutela jurídica do Estado, e o réu, aquele em face de quem se pediu a tutela. Entretanto, a transcrição do pensamento do prof. Ovídio, em seu livro *Curso de Processo Civil*, no tocante ao conceito de parte, a que alude a Prof. Maria Berenice Dias, está, de certo modo, equivocada. Sustenta ela que o prof. Ovídio define "parte como aquele que pede (autor) para si alguma providência judicial, capaz de corresponder a um 'bem da vida', e aquele contra quem se pede esta providência (réu)". Sobre o tema, disse o prof. Ovídio, em seu livro: "Partindo da premissa de que o conceito de parte refere-se sempre, (*sic*) a uma

pessoa que figura no processo e nele atua, defendendo legítimo interesse, econômico ou moral[131]. Para fins de recurso, são partes os denominados terceiros intervenientes, pois estes assumem a qualidade de litisconsortes de uma das partes, ou, apenas, a forma de assistentes simples (art. 50, do CPC). Compreendem os "terceiros intervenientes" o denunciado à lide, o chamado ao processo e o opoente que, uma vez admitidos no processo, passam a ser partes na relação processual. No tocante ao nomeado à autoria, uma vez aceita a nomeação pelo autor e pelo nomeado, este se torna réu, ocorrendo a exclusão do primitivo demandado, de tal sorte que o nomeado, assumindo aquela posição, passa a ter inteira legitimidade para recorrer. O assistente qualificado, também chamado de assistente litisconsorcial (art. 54, do CPC), na condição de litisconsorte do assistido que é, pode recorrer de forma autônoma e independente, uma

---

situação processual, Chiovenda o define assim: 'Parte é aquele que demanda em seu próprio nome (ou em cujo nome é demandada) a atuação duma vontade da lei, e aquele em face de quem essa atuação é demandada' (Instituições, II/234). *Parte*, portanto, *segundo este conceito* [Grifo meu], será aquele que pede (autor) para si alguma providência judicial, capaz de corresponder ao que Chiovenda denomina um 'bem da vida'; e aquele contra quem se pede esta providência (réu)." O que se verifica, portanto, é que não há, salvo melhor juízo, expressamente, um conceito de parte, do Prof. Ovídio naquela passagem. O conceito do Prof. Ovídio está transcrito no corpo do presente trabalho. Para corroborar tal assertiva, basta observar as considerações do prof. Ovídio ao comentar o conceito de Rosenberg. Diz o Dr. Ovídio: "Apesar da aparente clareza do conceito, convém observar que o fato de solicitar em nome próprio, a tutela estatal, por si só, ainda seria insuficiente para a completa determinação do conceito de parte, pois também os terceiros que intervêm no processo por serem titulares de alguma relação jurídica apenas conexa com a relação litigiosa, também solicitam, em nome próprio, uma forma especial de tutela estatal. Estes, porém, embora peçam tutela estatal, não põem em causa seu próprio litígio e não verão jamais julgado pela sentença o seu direito."

[131] João Claudino de Oliveira e Cruz, op. cit., p. 176. No mesmo diapasão, acórdão do TJRGS, AC nº 594.123.209, de 20.04.95, cuja dicção da ementa é a seguinte: "Apelação - ilegitimidade ativa por falta ou ausência de interesse. Proposta a lide contra a associação, na extinção daquela, já tendo o apelante se afastado por término de gestão, desassiste-lhe legitimidade para apelar, por ausência de interesse, porquanto deixou de representar a entidade. Apelo provido. Unânime."

vez que a demanda posta no pretório é dele também. O assistente simples (art. 50, CPC) também pode recorrer da sentença que tenha causado gravame ao assistido, desde que este o permita ou não lhe vede[132]. O Ministério Público pode atuar no processo civil como parte ou como fiscal da lei, ou seja, *custos legis*. Quando age como parte, a ele se aplicam todas as considerações pertinentes à parte. Em verdade, a legitimidade do *parquet*, enquanto fiscal da lei, para recorrer se opera na hipótese em que ele possa ter funcionado, mesmo que não o tenha[133]. O Ministério Público pode recorrer tanto nos processos de jurisdição contenciosa como na voluntária ou nas ações de estado[134]. Ademais,

---

[132] Nelson Nery Júnior, *Princípios Fundamentais...*, op. cit., p. 108, com extensa referência à doutrina. Barbosa Moreira, *Comentários...*, op. cit., p. 329, considera o assistente simples como parte e, em conseqüência, habilitado a recorrer, mesmo que não o faça o assistido, porque se poderia ingressar com recurso na condição de terceiro prejudicado, ou seja, ainda que até então não participasse do feito, deve *a fortiori* permitir à interposição quando nele já figure antes de proferida a decisão. Sustenta, apenas, a impossibilidade de recorrer por parte do assistente simples quando o processo termine em razão de reconhecimento do pedido, de desistência, ou de transação entre as partes, ou ainda, por analogia, na hipótese de renúncia do autor "ao direito sobre que se funda a ação." Sérgio Bermudes, *Comentários...*, op. cit., p. 58, reconhece que o assistente só pode recorrer se há recurso do assistido. Ocorrendo o reconhecimento jurídico do pedido, a desistência do processo, ou a transação sobre direitos controvertidos, cessa a assistência, e o assistente, nesses casos, não poderá recorrer. Rogério Lauria Tucci, *Curso de Direito Processual Civil*, p. 269, indica o assistente simples como pessoa que não pode recorrer, sem fundamentação do seu pensamento. Moacir Amaral dos Santos, *Primeiras Linhas...*, op. cit., p. 86, sustenta que o assistente pode recorrer em qualquer circunstância, exceto nas hipóteses em que o assistido tenha reconhecido a procedência do pedido, desista da ação ou transija sobre direitos controvertidos, pois cessa, nesses casos, a assistência. Paulo Cezar Aragão, *Digesto de Processo*, verbete "Apelação", Rio de Janeiro: Forense, 1980, p. 451, opina que o assistente simples pode recorrer em qualquer circunstância, pois o mesmo interesse que justifica a intervenção assistencial torna possível o recurso de terceiro prejudicado, isto é, o interesse jurídico.

[133] Vejam-se as decisões estampadas em: RSTJ 59/275; RSTJ 61/327; RSTJ 61/333; RSTJ 61/335; RSTJ 61/337; RSTJ 61/341; RSTJ 61/352; RSTJ 61/359; RJTJRGS 170/240.

[134] Nelson Nery Júnior, *Princípios Fundamentais...*, op. cit., pp.108-109. Em sentido contrário: Barbosa Moreira, *Comentários* ..., op. cit., p. 359; Rogério Lauria Tucci, *Curso de Direito...*, op. cit., p. 377; Moacir Amaral dos Santos,

a manifestação de recurso do Ministério Público como fiscal da lei independe da existência de recurso da parte[135].

Alguns processualistas[136] têm sustentado ter o Ministério Público legitimidade para interpor o recurso subordinado[137], de que trata o art. 500 do CPC, quando obra no processo na qualidade de fiscal da sociedade[138]. Como esse recurso é admissível na hipótese da existência de uma apelação principal, é necessário abordar o tema. O Prof. Nelson Nery Júnior diz que a expressão "parte", no art. 500 do CPC, quer dizer *parte recorrente*. Neste passo, discordamos da posição adotada pelo eminente jurista. Em primeiro, porque a expressão "parte", na regra legal em apreço, deve ser interpretada em seu sentido técnico, ou seja, conforme o conceito de parte, para fins de recurso, alinhado anteriormente. Em segundo, porque, funcionando o Ministério Público como fiscal da sociedade, não participa do processo como elemento integrante do litígio[139].

Finalmente, confere a lei legitimidade para apelar ao terceiro interessado, que foi prejudicado pela decisão. Quem é o terceiro prejudicado no processo? Entende-se por terceiro aquele que não seja parte, pois "nunca o

---

Primeiras Linhas..., op. cit., p. 182, e Cláudio Manoel Alves, *A Apelação...*, op. cit., p. 80, todos entendendo que operando o *parquet* como fiscal da lei, ele não é parte e, portanto, não teria legitimidade para recorrer subordinadamente, pois este recurso é exclusivo das partes.

[135] Súmula da Jurisprudência predominante do STJ nº 99: "O Ministério Público tem legitimidade para recorrer no processo em que oficiou como fiscal da lei, ainda que não haja recurso da parte". Nesse sentido: RT 663/153; AC 592.124.804, de 15.09.93, 4ª Câmara Cível TJRGS.

[136] Nelson Nery Júnior, *Princípios Fundamentais...*, op. cit., p. 109.

[137] Embora a denominação legal seja "recurso adesivo", preferimos utilizar a alocução que cientificamente está mais correta, conforme demonstra, à saciedade, Barbosa Moreira, *Comentários...*, op. cit., p. 354, nº 172.

[138] Nesse sentido, acórdão do Superior Tribunal de Justiça, publicado na RSTJ 61/349, entendendo ter o Ministério Público legitimidade para recorrer, seja como parte ou fiscal da lei, com a única ressalva decorrente do art. 500 do CPC, quanto ao recurso adesivo.

[139] Ver, a propósito, o contido nas notas de rodapé nºs. 129 e 130.

tenha sido, ou que haja deixado de sê-lo em momento anterior àquele em que se profira a decisão"[140]. Se um "terceiro" atua no processo, deixa de sê-lo para tomar o caráter de parte. O princípio é que os terceiros têm direito a apelar sempre que resultem prejudicados por uma decisão judicial, se esta for, evidentemente, sujeita a recurso e não os ampare a relatividade da coisa julgada (limites subjetivos da coisa julgada - *res inter alios judicata*)[141]. Segni diz que:

"a qualidade de terceiro para a interposição do apelo não é diversa da que dá ensejo à intervenção em primeiro grau de jurisdição, ou seja, a mesma interligação entre a relação controvertida, que se encontra em juízo, e a relação jurídica do terceiro."[142]

Conclui-se, destarte, que o interesse a legitimar o terceiro é o mesmo exigido para que uma pessoa ingresse no processo como assistente (art. 50, do CPC). Apenas aquele que poderia, no processo, ter agido como assistente simples ou litisconsorcial é que tem legitimidade para recorrer como terceiro prejudicado.

Não basta, para alcançar a legitimidade para recorrer, o fato de ser terceiro: é necessário que o terceiro tenha um interesse prejudicado pela decisão judicial recorrível[143]. Esse interesse é, como vimos, sempre jurídico, e não um simples interesse de fato ou econômico. Pode-se dizer que o recurso do terceiro prejudicado constituiria-se em verdadeira espécie de intervenção de terceiro na fase recursal[144]. Tratando do tema, Andréa Lugo[145] diz que:

[140] Cf. Barbosa Moreira, *Comentários* ..., op. cit., nº 165, p. 331.
[141] Agustin A. Costa, *El Recurso Ordinario de Apelación*...., nº 32, p. 53.
[142] *apud* Maria Berenice Dias, *O Terceiro*..., op. cit., p. 130.
[143] No mesmo sentido: Julgados TARGS 92/300; RJTJRGS 174/299.
[144] Cf. Nelson Nery Júnior, *Princípios Fundamentais* ..., op. cit., p. 109.
[145] *Manuale di Diritto Processuale Civile*, Milano: Dott. A. Giuffré, 3 ed., 1961, p. 193, nº 139.

"L'intervento di terzi nel procedimento d'appello è amesso entro limiti restretti. Sono legittimati a intervenire i terzi che potrebbero avere interesse a proporre opposizione contro la sentenza (art.344): e cioè i trzi che difendono un proprio diritto, che potrebbe essere pregiudicato dalla controversia in corso."[146]

Não podem apelar, pois lhes falta legitimidade, os auxiliares do juiz, tais como o perito[147], o escrivão, o oficial de justiça, os assistentes técnicos das partes, porque não são partes e tampouco terceiros prejudicados. A testemunha também não tem legitimidade recursal.

Terá o advogado legitimidade recursal em relação à desconformidade com a fixação da verba honorária na hipótese de sucumbência? Não há dúvida, inicialmente, de que o advogado, na qualidade de procurador judicial da parte, não tem legitimidade para interpor recurso de apelação, visando a modificar a sentença no que foi decidido em relação à pretensão de direito material deduzida. A lei processual não lhe dá essa legitimidade para recorrer em nome próprio. Todavia, a resposta à indagação formulada é noutro sentido.

O art. 23 do Estatuto da Advocacia e a Ordem dos Advogados do Brasil[148] dispõe:

"Art. 23. Os honorários incluídos na condenação, por arbitramento ou sucumbência, *pertencem* [grifo meu] ao advogado, tendo este direito autônomo

---

[146] Andréa Lugo, op. cit., nota de rodapé nº 1, p.193, diz que o pressuposto de intervenção no apelo "non é però necessariamente un pregiudizio effetivo derivante dalla sentenza impugnata, ma può essere anche un semplice danno eventuale, che possa provenire dalla sentenza emananda."

[147] Nesse sentido: RT 709/122; RT 714/248; AI 593.122.435, de 25.11.93, 5ª Câmara Cível TJRGS. Em posição contrária, decisão do TJSP, publicada na RT 700/83, admitindo a possibilidade de interposição de recurso pelo perito, desde que se trate de incidente a respeito dos honorários a ele devidos.

[148] Lei nº 8.906, de 04 de julho de 1994.

para executar a sentença nessa parte, podendo requerer que o precatório, quando necessário, seja expedido em seu favor."

A verba honorária arbitrada pelo magistrado ou fixada em decorrência da sucumbência, por força do que estabelece o art. 20 do CPC, tem como titular desse direito a pessoa do advogado, consoante se vê da norma supra-aludida. De efeito, aquele artigo 23 dá ao advogado legitimidade para propor o processo de execução relativamente àquela verba. Com maior razão terá legitimidade para, em sede recursal, interpor o recurso de apelação. O direito lhe é próprio[149]. Trata-se, com certeza, de legitimação ordinária para o manejo do recurso de apelamento, porque o advogado, no processo que originou os honorários, embora não seja parte e tampouco terceiro prejudicado, postula direito seu. Evidentemente, se o advogado procura em juízo em causa própria, o recurso é interposto na qualidade de parte.

3.2.3. Do interesse em recorrer

O interesse em recorrer é o último requisito intrínseco dos pressupostos recursais.

Uma parcela da doutrina interliga o requisito do interesse em recorrer com a legitimidade para recorrer. Sustenta que o interesse resulta do prejuízo que tem a parte com a decisão proferida. Então, nascendo a sucumbência, decorrência direta do prejuízo ou gravame, sur-

---

[149] Em posição diversa, entendimento do Tribunal de Justiça de Alagoas, publicado na RT 720/199, inadmitindo recurso interposto por advogado, por não possuir este legitimidade recursal para cobrança de honorários. Segundo esta decisão, o causídico representaria os interesses da parte que lhe outorgou poderes, não podendo, no entanto, extrapolar esses poderes para se intitular parte integrante do processo. Tem sido, todavia, admitida a concessão ou a majoração dos honorários advocatícios, via recurso adesivo, RT 687/99. Ora, tal recurso só é cabível quando houver sucumbência recíproca. Eventual pedido de majoração não se caracterizaria, salvo melhor juízo, como caso de sucumbência recíproca.

ge o interesse em recorrer, seguindo-se, assim, a legitimidade para recorrer que teria a parte vencida na contenda[150]. Para outros, "pode apelar todo aquele que sofreu um prejuízo com a sentença, isto é, quem demonstre interesse em fazê-lo." [151] Como se percebeu, parcela da doutrina ou se recusa a ver entre ambos qualquer diferença ou nega autonomia ao segundo requisito. O desacerto da literatura, porém, não passou despercebido por Barbosa Moreira[152], segundo o qual há profunda dessemelhança entre as situações reguladas pela lei: daqueles que, por já estarem participando do processo, são vistos como possíveis titulares de um interesse no inconformismo da decisão e daqueles que, por serem titulares desse interesse, se vêem na contingência de serem admitidos a tomar parte no processo, em que não figuravam.

Tem-se firmado posição em setores da doutrina brasileira, apoiada principalmente na literatura italiana, que o interesse da parte em recorrer tem como fato originário a circunstância de ter sido ela *vencida*, ligando-se à idéia de sucumbência, de prejuízo ou situação desvantajosa[153]. Estas fórmulas são imprecisas e, sobretudo, insuficientes, com bem demonstrou Barbosa Mo-

---

[150] Moacir Amaral dos Santos, *Primeiras Linhas* ...,op. cit., n° 764, p. 78.

[151] João Claudino de Oliveira e Cruz, op. cit., n° 61, p. 174.

[152] Barbosa Moreira, *Juízo de Admissibilidade*..., op. cit., n°s. 36 e 37, p. 119.

[153] Rogério Lauria Tucci, *Curso de Direito Processual* ..., op. cit., p.271 utiliza-se da expressão "situação desvantajosa" para caracterizar a sucumbência. A "utilidade", para este autor, consistiria na possibilidade, sob o prisma teórico, da obtenção de um proveito, com o rejulgamento da causa. James Goldschmidt, "Derecho Procesal Civil", op. cit., p. 399, expressamente sustenta: "Todo recurso supone, como fundamento jurídico, la existencia de un gravamen (perjuico) de la parte; es decir, una diferencia injustificada, desfavorable para ella entre su pretensión y o lo que le haya concedido la resolución que impugna." Trigo de Loureiro, *Manual de Appellações*..., op. cit., p. 60, reconhece o direito ao apelo a qualquer que sofrer um gravame, pois a apelação é uma espécie de defesa. Sérgio Bermudes, Curso de Direito..., op. cit., p. 34, sugestivamente, diz que o pressuposto subjetivo do recurso é a sucumbência, pois esta leva ao interesse em recorrer. A sucumbência, diz o mencionado processualista carioca, nasce do conflito entre o conteúdo da sentença e o interesse da parte.

reira[154], pois os mesmos não primariam pela clareza, não abrangendo hipóteses em que não se poderia negar à parte o interesse em propugnar por novo julgamento.

Assim, o cerne da questão relativa ao interesse da parte em recorrer gravita em torno do aspecto *utilidade ou proveito*. Para que exista o interesse em recorrer, há a indispensabilidade de que a parte deve pretender obter um proveito prático com o recurso[155]. Reproduzir a precisa lição de Barbosa Moreira é medida que se impõe para o aclaramento do tema:

"... para que se reconheça à parte interesse em recorrer, é bastante, deste ponto-de-vista, que a eventual interposição do recurso lhe abra o ensejo de alçar-se a situação *mais favorável* do que a que lhe adveio da decisão impugnada, quer esse nível ideal coincida, quer não, com aquele em que anteriormente se encontrava."[156]

Nesse mesmo sentido, a lição de Luiz Machado Guimarães ao interligar a noção de interesse prático com o conceito de gravame, como condição de interesse para recorrer[157].

Não basta a *utilidade* como elemento presente para que a parte tenha interesse em recorrer. Falta-lhe um outro elemento integrativo, qual seja: o recorrente deve-

---

[154] Barbosa Moreira, *Juízo de Admissibilidade...*, op. cit., nºs. 55, 56 e 57, pp. 138 e 139.

[155] Em longa tese de dissertação à Cátedra de Direito Judiciário Civil da Faculdade de Direito na Universidade do Brasil, o Prof. Luiz Machado Guimarães, *Limites Objetivos do Recurso de Apelação*, Rio de Janeiro: 1962, p. 85, diz o seguinte: "A conceituação dos capítulos de sentença como questões de interesse prático suscitadas na ação oferece-nos um critério seguro, não só para conceituação do 'gravame' como condição de faculdade de recorrer, como também para a solução de todas as dificuldades que possam surgir na compreensão do efeito devolutivo e na fixação dos seus limites de aplicação."

[156] Barbosa Moreira, *Juízo de Admissibilidade...*, nº 58, p. 141. Confira, também, no *Repertório Enciclopédico do Direito Brasileiro*, verbete "Recursos", v. XLV, Rio de Janeiro: Borsoi, s/d, p. 112.

[157] Luiz Machado Guimarães, *Limites Objetivos...*, op. cit., p. 87.

rá comprovar que o recurso é *necessário* como único meio capaz de obtenção da situação mais favorável. Podendo o apelante obter o proveito sem a interposição do apelo, não estará presente o pressuposto do interesse recursal[158]. Como se resolve a questão do interesse em recorrer do Ministério Público no processo civil? É preciso distinguir. Atuando como parte, a ele se aplicam todas as regras atinentes às partes no processo. É o que decorre da aplicação do disposto no art. 81 do CPC. Situação diferenciada resulta quando o Ministério Público atua no processo civil como fiscal da lei, com base em qualquer das hipóteses elencadas no art. 82 do CPC. O interesse que justifica a participação do Ministério Público, como parte ou como *custos legis*, no processo civil é o interesse público. Então, pode-se afirmar que, em relação ao Ministério Público enquanto *custos legis*, o interesse recursal não se constitui em requisito de admissibilidade do recurso. Não necessita o Ministério Público, nestas circunstâncias, demonstrar a obtenção, com o recurso, de uma decisão que lhe alcance um efeito prático, conforme sublinhado anteriormente. Enquanto parte, ao revés, é indispensável que o *parquet* comprove a *utilidade* + *necessidade* do recurso. Com efeito, tem razão Nelson Nery Júnior quando afirma que o Ministério Público na função de parte está atuando na defesa do interesse da sociedade. Porém, a legitimação que lhe outorga à lei para agir em determinado processo não lhe reconhece previamente o interesse. Atuando como parte, sujeita-se aos mesmos poderes e ônus desta (art. 81, CPC). Deste modo, o Ministério Público precisa demonstrar, na qualidade de parte no processo, em que

---

[158] Nelson Nery Júnior, *Princípios Fundamentais...*, op. cit., p. 111; Barbosa Moreira, *Repertório Enciclopédico...*, op. cit., p. 112.

consistiria a utilidade prática que obteria com o provimento do recurso[159].

Não há que se confundir a legitimidade para recorrer com o interesse em recorrer. Então, como já entendeu o Superior Tribunal de Justiça, o Ministério Público pode ter legitimidade, mas não ter interesse para recorrer no caso concreto[160].

Imprescindível, por derradeiro, uma palavra no tocante ao interesse em recorrer do terceiro prejudicado.

Prestigiosa doutrina, discorrendo sobre a intervenção no procedimento de apelação, diz que ela é de alcance restrito. Menciona Andréa Lugo que "Sono legittimati a intervenire i terzi che potrebbero avere interesse a proporre opposizione contro la sentenza(art. 344): e cioé i terzi che difendano un proprio diritto, che potrebbe essere pregiudicato dalla controversia in corso."[161]

Exige a lei que o recurso do terceiro prejudicado somente seja admitido se ele demonstrar a existência de um liame entre a decisão proferida e o prejuízo causado

---

[159] A posição adotada pelo eminente professor Nelson Nery Júnior, *Princípios...*, op. cit., pp. 118 e seguintes, é diametralmente oposta à nossa. Sustenta o jurista que o interesse público que legitima a intervenção do Ministério Público no processo, na qualidade de *custos legis* ou como parte, é o interesse público. No particular, não há divergência com o nosso pensamento. Porém, para este jurista, a circunstância de ter interesse é que legitima o Ministério Público para recorrer. Então, tendo o M.P. legitimidade para propor a ação, tem ele, *ipso facto*, interesse em recorrer, segundo Nelson Nery. No nosso sentir, é preciso distinguir o pressuposto "legitimidade para recorrer" do "interesse em recorrer". Como já sublinhado no momento apropriado (ver o que foi dito acerca da distinção entre o pressuposto legitimidade para recorrer e interesse em recorrer), a legitimação para quem participa do processo quando sobrevém a sentença é de uma natureza distinta daquela em que os participantes são admitidos posteriormente, pois os interesses em recorrer são também distintos. No primeiro caso, o interesse é potencial, exigindo-se, para a admissibilidade do recurso, a ocorrência deste interesse. No segundo, o interesse parte de um interesse atual, que permite o uso do remédio jurídico. Ver, a propósito, o que diz Barbosa Moreira, *Juízo de Admissibilidade...*", op. cit., p. 119.

[160] Revista do Superior Tribunal de Justiça 18/429.

[161] Andréa Lugo, *Manuale di Dirittto Processuale Civile*, Milano: Dott. A. Giuffrè, 1961, p. 193.

por esta[162]. É terceiro aquele que, no momento em que a decisão surge, não era parte no processo, quer porque "nunca o tenha sido, quer porque haja deixado de sê-lo em momento anterior àquele em que se profira a decisão."[163] Sintetizando, vale reproduzir o pensamento de Barbosa Moreira : "É terceiro, para fim de recurso, aquele que, no momento da decisão impugnada, se mantinha alheio ao processo."[164]

A lei fala, como já foi sublinhado, em terceiro prejudicado. A qualificação do terceiro, no caso, ou seja, a sua condição de prejudicado é essencial para o entendimento do problema. É suficiente o simples prejuízo "de fato" ou é necessário um "prejuízo jurídico"? Basta o prejuízo indireto para a caracterização do prejuízo, ou é preciso que a decisão atinja imediatamente um direito de terceiro?

Há alguns segmentos da doutrina que entendem que o prejuízo ocasionado pela decisão pode ser de qualquer natureza. Rui Barbosa conceituou terceiro prejudicado como todo aquele a quem a sentença prejudica, qualquer que seja o prejuízo, direto ou indireto, atual ou eventual, imediato ou futuro, certo ou provável, material ou moral, incluindo assim toda a espécie de prejuízos[165]. Esse também é o pensamento de João Claudino de Oliveira e Cruz, para quem "a lei não limita o recurso à condição de existência de determinada categoria de prejuízos".[166]

---

[162] Nesse sentido: Julgados TARGS 92/300.

[163] Confira Barbosa Moreira, *Comentários...*, op. cit., p. 331. No mesmo sentido, Nelson Nery Júnior, *Princípios Fundamentais...*, op. cit., p. 109.

[164] Barbosa Moreira, *Juízo de Admissibilidade...*, op. cit., p. 126; João Claudino, *Do recurso...*, op. cit., p.179, também conceitua o terceiro como o que não atuou no processo - estranho à sentença, não podendo ser prejudicado por esta.

[165] *apud*, João Claudino de Oliveira e Cruz, *Do recurso...*, op. cit., p. 179.

[166] Ibidem, p. 180.

Esse posicionamento, *permissa venia*, não encontra mais guarida no plano científico.

Não se poderia, sob o ponto de vista da ciência, dizer que o titular de qualquer interesse estivesse legitimado a apelar. Com efeito, a apelação do terceiro prejudicado é, sem dúvida, forma espontânea de intervenção no processo, desta feita, todavia, na fase recursal, devendo, porém, se subordinar aos princípios norteadores do instituto.

Assim, quem intervém no processo de maneira espontânea o faz na defesa de seus direitos subjetivos. Em qualquer das modalidades de intervenção espontânea, não se tolera a participação de quem deseje defender simples interesse de fato[167].

Ademais, parece correta a orientação de Barbosa Moreira quando menciona a circunstância de que não se deve imaginar que a lei tenha querido ser mais liberal no tocante à intervenção em fase recursal do que nas fases anteriores do processo[168].

Liebman, a sua vez, sustentava que "são legitimados a recorrer apenas os terceiros que teriam podido intervir como assistentes" [169]. Essa fórmula é insuficiente, como largamente demonstrou Barbosa Moreira, pois não inclui a intervenção litisconsorcial[170].

O interesse para recorrer é o mesmo interesse que deve demonstrar o pretendente a assistente no processo civil (art. 50, CPC). Assim, pode apelar, como terceiro

---

[167] L. M. Guimarães, *Limites Objetivos*..., op. já cit., p. 57, nota 5, expressamente adere ao pensamento segundo o qual só o prejuízo de um interesse jurídico autoriza o recurso de terceiro, embora este autor não justifique o seu posicionamento.

[168] Barbosa Moreira, *Juízo de Admissibilidade*..., op. cit., p.154.

[169] *apud* Barbosa Moreira, *Juízo de Admissibilidade*..., p. 152. Nelson Nery Júnior, *Princípios Fundamentais*..., conforme se vê à p. 124.

[170] Vide *Juízo de Admissibilidade*..., op. cit., p. 157, onde se explicam os motivos da insuficiência da fórmula liebmaniana, pois é incompreensível que o co-titular da relação jurídica posta no processo, que eventualmente não tivesse residido em juízo, não pudesse provocar um reexame da sentença.

prejudicado, aquele que poderia ter intervido no processo, como assistente simples ou assistente litisconsorcial.

3.3. Requisitos Extrínsecos de Admissibilidade

3.3.1. Tempestividade

Encerradas as considerações sobre os pressupostos intrínsecos, é mister o exame dos requisitos extrínsecos dos recursos, com enfoque direcionado à apelação, que, conforme já assinalado, consistem na tempestividade, na regularidade formal, na inexistência de fato impeditivo ou extintivo ao poder de recorrer e, finalmente, no preparo.

De efeito, todo o recurso há de ser manejado dentro do prazo estabelecido na lei[171]. O não-exercício do poder de recorrer no prazo fixado na lei ocasiona a preclusão e, em decorrência disso, faz surgir a coisa julgada formal[172]. Trata-se, à evidência, de preclusão temporal[173].

O prazo para interpor o recurso de apelação é de quinze dias[174], na conformidade com o disposto no art. 508 do CPC. Esta regra é de aplicação geral[175].

---

[171] Não configura intempestividade da apelação a devolução dos autos após o prazo do recurso, desde que a petição recursal tenha sido protocolada no prazo legal (Revista do Superior Tribunal de Justiça 4/1613). No mesmo sentido: RT 720/166; RT 711/202.

[172] Propositadamente, fala-se em surgimento da coisa julgada formal. Como é sabido, há sentenças que, após o seu trânsito em julgado, em razão da natureza jurídica da relação de direito material posta em exame, não formam coisa julgada material. Ademais, as sentenças que extinguem o procedimento sem exame de mérito, chamadas sentenças terminativas, também não fazem surgir coisa julgada material.

[173] Sobre a distinção entre preclusão temporal, preclusão lógica e preclusão consumativa, ver, por todos, Ovídio A. B. da Silva, *Curso de Direito...*, op. cit., p. 161.

[174] "Petição de apelo desacompanhada dos fundamentos de fato e de direito justificativos da desconformidade. Razões apartadas, mas apresentadas além do prazo recursal. Apelação não conhecida." (RJTJRGS 170/201).

[175] RT 726/113; RJTJRGS 160/279; Julgados TARGS 83/397.

Não sofre alteração o prazo para a interposição do recurso de apelação nas causas sujeitas à incidência da Lei do Inquilinato, não só pela aplicação subsidiária do Código de Processo Civil nos casos omissos, por força do que estabelece o art. 79, como também porque as ações inquilinárias referenciam, pelo menos de forma implícita, a adoção de ritos procedimentais previstos no Código de Processo Civil, como se vê da leitura dos arts. 59 e 68. Em relação às ações de consignação em pagamento de aluguéis e acessórios, e em renovatória, a exigência de que a petição vestibular preencha os requisitos do art. 282, combinado com o art. 79, no que pertine à aplicação do CPC, permite concluir no sentido do uso do sistema recursal codificado.

Melhor técnica legislativa adotou, a seu turno, o Estatuto da Criança e do Adolescente, pois o art. 198 explicita a adoção do sistema recursal do CPC nos procedimentos afetos à Justiça da Infância e da Juventude, com as modificações ali introduzidas. Dentre elas, momentaneamente, é de se ressaltar que o prazo para interpor o recurso de apelação é de dez dias (inciso II do art. 198)[176].

Também contra a sentença proferida em ação de mandado de segurança o prazo para apelar é de quinze dias, pois o art. 12 da Lei 1.533, de 31.12.51, adaptando-se ao CPC, em razão da Lei nº 6.014, de 27.12.73, estabeleceu ser a apelação o recurso apropriado.

A regra do art. 508 (do CPC) tem aplicação à Lei de Falências e Concordatas, pela incidência do art. 207. Aliás, na Lei de Falências e Concordatas, o sistema recursal é o do CPC. Assim, a apelação há de ser interposta no prazo de quinze dias.

Nas causas sujeitas ao regime da Lei nº 9.099, de 26.9.95 (dispõe sobre os Juizados Especiais Cíveis e Criminais), a apelação será interposta no prazo de dez dias (§ 1º do art. 41).

---
[176] Revista do Superior Tribunal de Justiça 59/125.

Somente se inicia a contagem do prazo para apelar a partir do momento em que a sentença for conhecida. Não cogita o sistema recursal brasileiro da apelação, ou qualquer outro recurso, *antem tempus*, "contra decisão não definitiva a respeito da qual se fez reservas".[177]

Claro está que o prazo para apelar é contado da ciência (intimação) do ato decisório[178]. Segundo a lei, contar-se-á da data da leitura da sentença, se esta foi proferida em audiência[179], pela da intimação às partes quando não for proferida em audiência[180], ou pela publicação da súmula da sentença no órgão oficial[181] (art. 506, CPC).

A petição de interposição do recurso de apelação deverá ser protocolada no cartório onde se processa o feito. Permite-se, porém, que a lei de organização judiciária local estabeleça outra forma de entregar-se a petição recursal. Em alguns Estados brasileiros, criaram-se protocolos gerais da comarca. Em outros, é permitido que a petição seja entregue no protocolo geral de uma comarca que a encaminhará à comarca onde o processo tramita[182].

Interpor um recurso de apelamento é praticar um ato processual, de tal modo que, em princípio, poderia ser realizado em qualquer dia útil, das seis às vinte horas (art. 172, CPC). Dissemos em princípio, pois a lei disciplinou diferentemente a prática de atos processuais

---

[177] Nelson Nery Júnior, *Princípios* ..., op. cit., p.131.
[178] RJTJRGS 171/314.
[179] Sobre essa questão: RJTJRGS 165/404.
[180] Nesse sentido: RJTJRGS 151/536.
[181] "RECURSO - Prazo - Intimação que se dá pela simples publicação no órgão oficial - Atraso no envio do 'recorte' ao advogado por organização especializada, que não constitui motivo relevante para impedir o início da fluência do lapso recursal" (RT 713/235). "A retirada dos autos pelo advogado tem o condão de marcar o início do prazo para recorrer, muito embora a sentença seja publicada pela imprensa oficial, posteriormente" (RT 714/133).
[182] Nesse sentido: Revista do Superior Tribunal de Justiça 75/427; AI 592.078.588, de 15.09.92, 6ª Câmara Cível TJRGS.

que devem ser realizados por meio de petição. Deste modo, a petição de apelação há ser apresentada no protocolo, dentro do horário de expediente, estabelecido pela lei local (§ 3º do art. 172 do CPC). No Estado do Rio Grande do Sul, nas causas que correm perante a Justiça Comum, a apelação deverá ser entregue em cartório (não há protocolo geral de petições) no horário das oito horas e trinta minutos às onze horas e trinta minutos, pelo turno da manhã, e, pela tarde, no horário compreendido das treze horas e trinta minutos às dezoito horas e trinta minutos[183] (art. 160 da Lei de Organização Judiciária do Estado). Se a causa tramitar na Justiça Federal, o ato processual de apelar deverá ser praticado no horário fixado pelo Conselho da Justiça Federal (art. 54 da Lei nº 5.010/66). Na 4ª Região, abrangendo os Estados do Rio Grande do Sul, Santa Catarina e Paraná, o expediente externo é das treze às dezoito horas, conforme se vê do art. 2º do Provimento nº 28, de 08 de agosto de 1995.

O terceiro prejudicado tem o mesmo prazo de que a parte dispõe para apelar.[184].

A pluralidade de pessoas no pólo ativo ou passivo ou em ambos, simultaneamente, de uma relação jurídico-processual denomina-se litisconsórcio. Se os litisconsorciados, porém, tiverem diferentes procuradores, incide a norma do art. 191 do CPC[185]. Neste caso, o prazo para os litisconsorciados, com procuradores distintos, manejarem o recurso de apelação é em dobro, ou seja, de trinta dias. Pouco importa a natureza do litisconsórcio, seja ele necessário ou facultativo. Essa disposição tem

---

[183] "Se o protocolo do Tribunal fica aberto até as 19 horas, não tem o menor sentido considerar intempestivo o recurso nele apresentado no período das 18 horas até o seu fechamento, pois o serviço é posto à disposição do jurisdicionado para facilitar a sua vida e não para provocar-lhe surpresas desagradáveis" (RT 718/ 97).

[184] RT 709/ 159.

[185] RT 709/159.

inteira aplicação nas leis que regulam o mandado de segurança, as ações referentes às locações, falências e concordatas, infância e juventude e também em relação aos feitos que correm nos Juizados Especiais Cíveis. No tocante à reflexão do art. 191 do CPC, ao processo dos Juizados Especiais Cíveis são indispensáveis algumas considerações. Tal norma reconhece, na prática, o princípio da autonomia dos co-litigantes, protegendo a independência de atuação dos litisconsortes[186]. Embora a dicção legal nos faça supor que a concessão de prazo em dobro esteja vinculada à existência do litisconsórcio, assim não se passam as coisas. O prazo em dobro decorre do fato de haver mais de um advogado representando clientes distintos, e para que aqueles possam bem desempenhar o seu mister, não prejudicando um ao outro[187]. Essa disposição visa a permitir aos procuradores dos litisconsortes melhores condições de preparar a irresignação. O prazo, porém, corre em cartório para que um não prejudique o outro[188]. Nada impede o acesso ao processo fora do cartório, bastando o prévio acertamento entre os advogados, manifestado ao juiz da causa.

De efeito, se o prazo em dobro para o litisconsorte com advogado diferente tem por escopo garantir a autonomia e independência de um co-partícipe na relação processual, daí decorre, como conseqüência, a incidência da disposição legal em comento aos processos que tramitam perante o juizado especial cível. Trata-se, é bem de ver, de princípio processual civil. Se é princípio, aplica-se a qualquer procedimento civil, quer esteja em lei especial, quer não. Estes são os motivos que nos

---

[186] Conf. Vicente Greco Filho, op. cit., p. 25.

[187] "Restrita a possibilidade de apelação a apenas um dos réus, não há que se falar em prazo dobrado para recurso seu" (RT 712/289). No mesmo sentido: Revista do Tribunal de Justiça 79/241.

[188] Vide Nelson Godoy Bassil Dower, *Direito Processual Civil*, v. 1, São Paulo: Nelpa Edições, 1993, p. 450.

levam a sustentar a incidência do art. 191 aos feitos dos Juizados Especiais Cíveis.

Também se concede o prazo em dobro para interpor o recurso de apelação ao defensor público, em decorrência do que dispõe o § 5º do art. 5º da Lei nº 1.060, de 5 de fevereiro de 1950.

Em relação à aplicação do disposto no art. 188 do CPC[189] é indispensável demorar em outras considerações, principalmente no que toca à atuação do Ministério Público[190], no processo civil, como fiscal da lei. Não resta dúvida no sentido de que o Ministério Público, enquanto parte, tem sempre prazo em dobro para recorrer. Três argumentos são apontados pela doutrina, como fundamentais, a conduzir pela interpretação abrangente do art. 188, voltada ao entendimento de que o *parquet*, na qualidade de fiscal da lei, terá prazo em dobro para recorrer. Primeiro, porque o termo *parte* constante do art. 188 é equívoco; segundo, as dificuldades de atuação do Ministério Público no processo independem da posição processual assumida e, terceiro, tendo o legislador conferido legitimidade para recorrer, seja na condição de parte, seja na qualidade de fiscal da lei (art. 499, § 2º, CPC), não haveria coerência não se admitir a dilatação do prazo quando no exercício da função de *custos legis*.[191]

Dos três argumentos mencionados, o que nos parece o mais importante é exatamente o terceiro e último. Se o Ministério Público tem prazo em dobrado para recorrer quando atua como parte, com muito maior razão deverá tê-lo quando atua como defensor da sociedade. A

---

[189] "As autarquias, pessoas jurídicas de direito público, incluem-se na locução 'Fazenda Pública' prevista no art. 188, CPC, dispondo pois de prazo em dobro para recorrer" (RT 718/281).

[190] "Nos termos do art. 20 da Lei Complementar 40/81, assegura-se ao Ministério Público a intimação pessoal, em qualquer grau de jurisdição. Assim, o prazo para recorrer tem como termo inicial aquela intimação" (RT 700/196).

[191] Confira Nelson Nery Júnior, *Princípios Fundamentais...*, op. cit., p. 138.

atuação do *parquet* como fiscal da lei se dirige à defesa do interesse público, pois ele representa toda a coletividade. Não se trata, como a princípio poderia parecer, de se privilegiar um litigante qualquer, mas de se dar àquele órgão a prerrogativa do prazo em dobro, pela relevância da função que exerce no processo[192]. Concluímos aderindo a tese segundo a qual o Ministério Público, atuando no processo civil como fiscal da lei, tem prazo em dobro para interpor o recurso de apelação, ou qualquer outra irresignação.

O art. 188 do CPC tem inteira aplicação ao processo do mandado de segurança, falências e concordatas, infância e juventude, do consumidor, execução fiscal e aos Juizados Especiais, porque faz parte do sistema recursal comum, e não se mostra incompatível com as leis especiais que disciplinam os procedimentos.

O prazo para interpor o recurso de apelação, por parte do Ministério Público ou do defensor público, inicia-se a partir da data da cientificação pessoal da sentença, não produzindo efeito qualquer outra modalidade de intimação, por força do disposto no § 2º do art. 236 do CPC, e § 5º do art. 5º da Lei de Assistência Judiciária, respectivamente.

3.3.2. Regularidade Formal

Qualquer recurso para ser interposto deve preencher os requisitos de forma estabelecidos na lei. Por vezes, esses requisitos são essenciais, sob pena de inadmissibilidade do recurso. Em outras, a omissão de al-

---

[192] Confira Nelson Nery Júnior, *Princípios Fundamentais...*, op. cit., p. 141. Remetemos, ainda, o leitor para a excelente exposição sobre o tema feita pelo Prof. Nelson Nery Júnior no ensaio intitulado "O benefício da dilação do prazo para o Ministério Público no Direito Processual Civil Brasileiro (Interpretação do artigo 188 do Código de Processo Civil)", *in Justitia*. v. 125, São Paulo: s/editora, 1984, p. 93.

gum dos requisitos, embora explicitados na lei, não gera o não-conhecimento do recurso. O art. 514 do CPC alinha os requisitos formais de interposição do recurso de apelação[193].

O primeiro requisito é a indicação dos nomes e qualificação das partes. Não é requisito essencial a menção na apelação da qualificação das partes que constituem a relação jurídico-processual, desde que o recurso seja interposto por quem integre o processo. O terceiro prejudicado que interpõe o recurso de apelação deverá, necessariamente, qualificar-se para se identificar no processo. É claro que o apelante deverá, no momento da interposição, referir ao seu nome. Esse requisito é essencial, pois por meio dele é possível averiguar-se da legitimidade e do interesse em recorrer, pressupostos intrínsecos, já examinados.

O segundo requisito é a interposição de apelação por meio de petição. Assim, a apelação somente poderá ser deduzida por escrito, embora, em outras épocas, fosse admitido o manejo do recurso, oralmente, como nos dá notícia Riccardo Orestano[194].

---

[193] RJTJRGS 165/271; AC 586.043.309, de 11.03.87, 2ª Câmara Cível TJRGS.

[194] Riccardo Orestano, *Appello in* "Novissimo Digesto Italiano", op. cit., p. 724, a saber: "L'appello doveva essere normalmente proposto al giudice *a quo* e tanto nelle cause civili quanto in quelle penali poteva esser fatto oralmente, subito dopo la pronuncia della sentenza, oppure per iscritto, dapprima nel *biduum* o nel *triduum* dalla pronuncia, secondo che fosse presentato suo *nomine* o *alieno nomine*." Antônio Fernandes Trigo de Loureiro, op. cit., p. 80, refere a possibilidade de a apelação ser interposta em audiência, oralmente, mediante termo assinado pelo apelante, na época do império. Manuel Ibáñez Frocham, *Los recursos en el Proceso Civil*, Buenos Aires: Sociedad Bibliográfica Argentina, 1943, p. 44, admite a interposição de apelação em audiência: "La apelación se interpondrá por escrito ante el juez que hubiere dictado la sentencia; si bien nada obsta a que en el curso de una audiencia se interponga verbalmente." Ver, também, a admissibilidade de interposição verbal da apelação em audiência nas Ordenações Filipinas, L.III, Tít. LXX, § 1º; no Regulamento nº 737, art. 647, e na Consolidação de 1898, art. 695. *De lege ferenda*, seria razoável que se retornasse a admitir a apelação oral, interposta em audiência, como sufrágio ao princípio da oralidade. Aliás, no Estado do Rio Grande do Sul, a adoção de técnicas avançadas no registro dos atos ocorrentes em audiência, tais como a esteno-

O terceiro requisito se consubstancia na exposição dos fundamentos de fato e de direito que dão sustentação à irresignação apelativa. Durante algum tempo se discutiu, em sede doutrinária, se os fundamentos da apelação deveriam integrar o ato de interposição, ou se a simples manifestação de inconformidade era o bastante para o conhecimento e apreciação do recurso, como deseja parcela de doutrinadores[195]. A exigência de fundamentação da apelação decorre, fundamentalmente, da necessidade de delimitar-se o âmbito do recurso. Concedem-se limites ao *quantum appellatum*. É na formulação das razões do apelo que se identifica a matéria objeto da inconformidade a merecer reexame. Essa matéria, como é intuitivo, pode ser de natureza procedimental (*error in procedendo*) ou de mérito (*error in judicando*). Por outro lado, a fundamentação do apelo é imprescindível, porque permite a formação do contraditório, princípio estrutural do processo civil moderno.

<hr>

grafia etc., perfeitamente permitiriam o uso da apelação oral, registrando, no termo da audiência, as razões de inconformidade, tal como se faz hoje com o agravo retido, na forma do disposto no § 3º do art. 523, CPC.

[195] O Prof. Gabriel de Rezende Filho, *Curso de Direito Processual Civil*, v. 3, São Paulo: Saraiva, 1963, p. 95, sustenta que "apesar dos termos imperativos do citado art. 821, a omissão destes dados na petição de apelação, não acarreta a nulidade do recurso, pois, não só a lei não cominou expressamente a nulidade, como poderá ser a mesma suprida por ordem do juiz." A prevalecer este entendimento, a petição recursal poderia ser emendada como ocorre com a petição inicial. Assim não nos parece. A falta de fundamentação da apelação na petição recursal não é causa de nulidade da irresignação, mas inobservância de um requisito formal previsto em lei, acarretando o seu não-conhecimento. Sustentando que a petição de apelação deve ser motivada, Ernane Fidélis dos Santos, *Manual de Direito* ..., op. cit., p. 514; Rogério Lauria Tucci, *in Curso de Direito*..., op. cit., p. 301; Sérgio Bermudes, *Curso de Direito*..., op. cit., p. 64; José Carlos Barbosa Moreira, *Comentários*..., op. cit., nº 238, p. 482; Pontes de Miranda. *Comentários ao Código de Processo Civil*. v. VII, Rio de Janeiro: Forense, nº 3, 1975, p. 202. Escrevendo na vigência do Estatuto de 1939, Pontes de Miranda sustentava a necessidade de razões de apelação por ocasião da interposição do recurso, *in Comentários ao CPC*, v. 5, Rio de Janeiro: Forense, nº 3, 1949, p. 115. No mesmo sentido, Jorge Americano, *Código do Processo Civil do Brasil*. v. 4, São Paulo: Saraiva, 1943, p.31, e Alfredo de Araújo Lopes da Costa, *Manual Elementar de Direito Processual Civil*. Rio de Janeiro: Forense, 1956, p. 173.

O recurso compõe-se de duas fases bem definidas sob o prisma de conteúdo, como é curial: a) de um lado, a imperiosa declaração acerca da inconformidade com a sentença (elemento volitivo); b) de outro, as razões dessa insatisfação (elemento de razão ou descritivo) [196]. Logo, inexistindo o desejo de recorrer, não há recurso. A vontade deve ficar expressa de maneira clara, pena de não se conhecer da apelação. Porém, não é suficiente a manifestação inequívoca da inconformidade. É indispensável, também, que se deduzam os motivos pelos quais se pede novo pronunciamento judicial acerca da matéria objeto do apelo. Vige, na seara recursal, o princípio da dialeticidade, qual seja, o apelante deverá indicar o porquê da apelação, para que se estabeleça a possibilidade de o adversário contra-razoar.

De efeito, o sistema recursal brasileiro não admite a apelação genérica, resultado de uma simples declaração de inconformidade com a sentença desfavorável. O princípio *tantum devolutum quantum appellatum* representa, exatamente, a restrição imposta ao Poder Judiciário em se transformar em defensor de interesses da parte. Logo, a expressão *jura novit curia* só tem aplicação se o apelante fornecer os fundamentos pelos quais entende que a sentença mereça reforma. Ao órgão revisional não é permitido descobrir, por meios sobrenaturais ou artifícios hábeis, o que está oculto no apelamento, pois, caso contrário, ferir-se-ia o postulado da igualdade de tratamento (art. 5º, *caput*, da CF).

Importante questão a ser abordada no presente trabalho, sob a ótica prática, é a que diz respeito à interposição do recurso de apelação via fax, telegrama ou por cópia fotostática[197]. A jurisprudência tem oscila-

---

[196] Nelson Nery Júnior, *Fundamentação da apelação como requisito de admissibilidade*, São Paulo: Revista dos Tribunais, Revista de Processo, nº 18, 1980, p. 113.

[197] Possibilidade de interposição do recurso através do sistema SEDEX dos Correios, não se admitindo a protocolização tardia na secretaria do tribunal (RT 663/197).

do muito, ora admitindo, ora não conhecendo do recurso. Em relação à interposição da apelação via fax, não há na lei nenhum empecilho no sentido de se proibir esse procedimento. Tem-se, todavia, sustentado que as cópias do fax, pela ação do tempo, estão sujeitas a desbotar, sendo razoável, portanto, o entendimento se de exigir a remessa do original[198], no prazo de cinco dias, à falta de estipulação diversa do juiz, por força do que dispõe o art. 185 do CPC, pois inexiste preceito legal[199], Parece, por outro lado, boa a sugestão aventada por J.E. Carreira Alvim, no sentido de permitir apenas as transmissões via fac-símile dentro do horário de expediente forense, de sorte a possibilitar a confirmação, por telefone, da recepção e legibilidade de todas as folhas e/ou exigir que sejam usados equipamentos que emitam relatório de transmissão, com data e horário da chamada, visando a servir de comprovante da efetiva remessa[200].

A interposição do recurso de apelação por telegrama, radiograma ou telex[201] não encontra impedimento legal, à vista do que estatui o art. 374 do CPC, exigindo-se, todavia, o reconhecimento da firma por tabelião. *De lege ferenda*, seria aceitável que se dispensasse o reconhe-

---

[198] STJ, 4ª Turma, REsp 2.705 - MT AgRg., rel. Min. Athos Carneiro, v.u., j.16.4.1991, DJU 10.6.1991, p.7.851; STJ. 3ª Turma, Edcl no REsp 8.629- MG, rel. Min. Waldemar Zveiter, v.u., j.13.8.1991, DJU 9.9.1991, p. 12.197; RTJ 154/217; RTJ 151/296; Revista do Superior Tribunal de Justiça 79/333; RJTJRGS 168/409; RJTJRGS 157/277; JULGADOS TARGS 91/143; AC 594.069.502, de 16.11.94, 1ª Câmara Cível TJRGS; AC 594.151.979, de 17.11.94, 3ª Câmara Cível TJRGS.

[199] O Tribunal de Justiça do Estado de Goiás permitiu a interposição de recurso via fax, desde que os originais cheguem ao Tribunal no prazo de cinco dias, pena de inadmissibilidade da irresignação (Revista dos Tribunais 687/155). O Tribunal de Alçada do Rio Grande do Sul, em aresto da lavra do Dr.Vicente Barrôco de Vasconcellos, *in* Julgados do TARGS, vol.91, p.143, admitiu a interposição do apelo via fax, desde que apresentado no prazo do recurso.

[200] Essas sugestões foram reproduzidas em trabalho da magistrada Ellen Gracie Northfleet, *Utilização do Fax no Poder Judiciário*, São Paulo: Revista dos Tribunais, v. 728, p. 125, 1996.

[201] RTJ 144/708.

cimento da assinatura do signatário da peça processual[202]. Qualquer formalidade maior em relação ao modo de interpor-se a apelação, não exigida em lei, maltrata o princípio constitucional do duplo grau de jurisdição. A regra deve ser, sempre, no sentido da admissibilidade do apelo, pois a prestação jurisdicional não pode ser restringida sob o pretexto de se cumprir um requisito burocratizante.

3.3.3. Da inexistência de fato extintivo ou impeditivo ao poder de recorrer

Interpor um recurso de apelação significa um meio de fiscalizar a sentença, pois o processo se destina a obter uma decisão justa. O acontecimento de certos fatos, porém, leva à extinção ou impede o exercício do poder de recorrer: mais precisamente, no caso, extingue-se ou impede-se o exercício do poder de apelar, de requerer a revisão da sentença. Esses fatos não estão relacionados, diretamente, com a sentença que se deseja impugnar. São fatos externos a ela. Por isso, não são requisitos intrínsecos do recurso de apelação, mas são fatores exteriores à decisão, alheios à mesma, pode-se dizer, e, destarte, são considerados pressupostos extrínsecos.

Identifica a doutrina como fatos extintivos do poder de apelar a renúncia ao recurso e a aquiescência à sentença; os fatos impeditivos desse mesmo poder seriam a desistência do recurso de apelação ou da ação, o reconhecimento jurídico do pedido e, finalmente, a renúncia ao direito em que se funda a ação. Com bem adverte Nelson Nery Júnior, sob o prisma prático, a

---

[202] O STJ, 4ª Turma, REsp 2.705- MT- AgRg., rel. Min. Athos Carneiro, v.u. j.16.4.1991, DJU 10.6.1991, p. 7.851 dispensou o reconhecimento da firma do advogado, quando da transmissão do recurso via fax, porque pode ser confrontada com peças do processo.

presença de qualquer deles, no processo, leva a um juízo negativo de admissibilidade do recurso de apelação[203].

Convém uma breve análise do que se entende por fato extintivo ou impeditivo. Já se disse, alhures, que os fatos constitutivos são aqueles que fazem nascer uma relação jurídica. A seu turno, os fatos impeditivos são aqueles que, sem fazer cessar uma determinada relação jurídica, impedem que ela produza os seus efeitos normais. Os fatos extintivos, ao revés, fazem cessar a relação jurídica[204]. Essas ponderações são relevantes para a compreensão do tema.

Com efeito, entende-se por renúncia ao poder de apelação a vontade de não usar do meio impugnativo, por fatores de ordem psicológica. É ato negocial unilateral não receptício, que independe da aceitação da parte contrária, produzindo efeitos no mundo jurídico, desde o momento da emissão da declaração volitiva. Essa vontade pode ser expressa ou tácita[205]. Andou bem o legislador de 1973, pois a regra do art. 502 é expressa no sentido de optar pela corrente doutrinária aqui esposada.

No que diz respeito à renúncia à apelação, surge o problema relacionado com a hipótese de pluralidade de autores ou réus. Existindo litisconsórcio, a renúncia à apelação por um dos litisconsorciados em nada prejudica direito dos outros litisconsorciados e tampouco se exige o consentimento destes.

No caso de litisconsórcio simples, a renúncia ao apelamento deduzido por um dos litisconsortes não prejudica o dos demais. O resultado do julgamento da apelação do litisconsorte que não renunciou não se

---

[203] Nelson Nery Júnior, *Princípios Fundamentais* ..., op. cit., p. 168.

[204] Marco Aurélio Moreira Bortowski, *A Carga Probatória segundo a doutrina e o Código de Defesa do Consumidor*, in: Direito do Consumidor, v.7, 1993, p. 109.

[205] Essa é a opinião de Nelson Nery Júnior, *Princípios Fundamentais*..., op. cit., p. 169, baseado no pensamento de Baumbach-Lauterbach-Albers, Michelli e Atzeri-Vacca, consoante nota de rodapé nº 410.

estende ao renunciante, pois seus interesses são distintos ou, muitas vezes, chegam a ser opostos (art. 509 CPC). Referentemente à renúncia à apelação feita por um litisconsorte unitário, o tratamento dispensado é diverso. A renúncia, como ato em si, é perfeitamente válida, desde que presentes os pressupostos para sua prática, porém resulta em não produzir efeitos, ou seja, é plenamente inócua. Com efeito, se a sentença deve ser uniforme para todos os litisconsorciados (art. 47, CPC), pouco importa que apenas um tenha renunciado. A produção de efeitos da renúncia ao recurso de apelação só ocorrerá se todos os litisconsortes unitários renunciarem. O resultado do julgamento da apelação do litisconsorte que não renunciou, porém, atingirá o direito ou a posição jurídica do renunciante (art. 509, CPC).

O reconhecimento jurídico do pedido é causa impeditiva do conhecimento do recurso de apelação. Como ato de resposta, é privativo do demandado. Consiste em ato pelo qual o réu admite como fundada a pretensão deduzida contra ele pelo autor. Em geral, leva à procedência da demanda, presentes, todavia, os requisitos para a validade e eficácia do ato de despojamento do direito substancial[206]. É claro: poderá ocorrer o recurso a respeito do alcance sobre o ato mesmo do reconhecimento. Ao acionado, é facultado apelar, alegando que o reconhecimento foi parcial, e a sentença se apresenta em descompasso com este; poderá deduzir que não houve o reconhecimento, conforme entendera o juiz, etc. O demandante, a sua vez, também poderá recorrer, sustentando que a sentença está em desacordo com o reconhecimento, concedendo menos do que o réu reconhecera, dentre outras situações.

A renúncia ao direito material em que se funda a ação é ato peculiar do autor (art. 269, II, CPC). Gera,

---

[206] No sentido do texto, Nelson Nery Júnior, *Princípios Fundamentais...*, op. cit., p. 189.

normalmente, o julgamento de mérito em prol do adversário. Todas as observações aqui feitas quanto ao "reconhecimento jurídico do pedido" são pertinentes à renúncia ao direito material em que se funda a ação, motivo pelo qual, para se evitar tautologia, não são aqui mencionadas.

Quando o autor renuncia ao direito material em que se funda a ação, a possibilidade do uso do apelamento deixa de existir em virtude da preclusão lógica, pois é ato incompatível com o desejo de exercitar o recurso, como é curial. Poderá o autor apelar na tentativa de discutir acerca da existência e/ou extensão da própria renúncia, como adequadamente sustenta o Prof. Nelson Nery Júnior[207], pois há interesse recursal.

Convém afirmar-se, para se estancar qualquer dúvida sobre o tema, que só se renuncia a recurso que ainda não tenha sido utilizado. Conforme se verá adiante, o desejo do não-prosseguimento do recurso se denomina desistência.

Pela natureza específica da obra, julgamos imprópria exposição acerca do tema "renúncia prévia ao recurso de apelação", isto é, aquela que se manifesta antes de ser prolatada a sentença[208].

A renúncia distingue-se da aquiescência à sentença, pois, neste caso, face ao ato decisório, se adota uma atitude de conformação, de assentimento, de anuência com o que foi decidido. Na aceitação (ou aquiescência), reconhece-se a justiça da decisão, com o *"acatamiento liso*[209] *y llano del pronunciamiento del Juez"* [210].

A aceitação da sentença, como amplamente reconhece a literatura, pode ser total ou parcial. Se o réu for condenado a pagar x, a título de dano emergente e y, em

---

[207] Ibidem, p. 189.

[208] O leitor que desejar conhecer profundamente a questão deve consultar, por todos, Nelson Nery Júnior, *Princípios Fundamentais ...*, op. cit., p. 171.

[209] Agustin A. Costa, *El Recurso...*, op. cit., p. 92.

[210] Ibidem, p. 92.

razão de lucros cessantes, e se conforma com a condenação total que lhe foi imposta, o apelo se torna inacessível. Porém, se houver desconformidade com a condenação em lucros cessantes, a apelação não pode ser interposta no que concerne à parcela em que aquiesceu. Há, na última hipótese, aceitação parcial do *decisum*. A lei diz que a aceitação pode ser expressa ou tácita. Considera-se como ato de aquiescência à sentença a prática, sem reserva alguma, de um ato incompatível com o desejo de apelar. Numa ação de despejo por falta de pagamento, *verbi gratia*, o demandado não poderá apelar da sentença que decretou o despejo, se deposita em cartório as chaves do imóvel, assim que toma ciência do teor da prestação jurisdicional.

A aceitação tácita da sentença há de ser inferida por fatos inequívocos, verdadeiramente incompatíveis com a impugnação da sentença. A aquiescência tácita à sentença não se presume, em regra, exceto quando a lei determina em contrário, tal como se vê do disposto no art. 838 do CPC, última hipótese.

Por outro lado, merece exame particular a dessemelhança entre a aquiescência à sentença e a desistência do recurso. Em primeiro, a aceitação da sentença extingue o poder de apelar, sendo induvidoso que qualquer recurso, eventualmente interposto nessas circunstâncias, receberia do órgão jurisdicional um juízo negativo de admissibilidade. Ao contrário, a desistência da apelação formulada pela parte não pode ser objeto de qualquer juízo, nem mesmo do juízo de admissibilidade, como bem pondera Barbosa Moreira[211]. A desistência torna a apelação inexistente no plano jurídico. Em razão de sua natureza, como agora sublinhado, correta a norma do art. 501 do CPC, que não exige o consentimento do apelado para a desistência do recurso.

---
[211] Barbosa Moreira, *O Juízo de Admissibilidade*..., op. cit. p. 164. É importante observar, por oportuno, que não se está tratando da renúncia do direito ou da desistência do processo.

Desistir do apelo é, com bem salienta Sérgio Bermudes, rejeitar o recurso já interposto[212]. A desistência não necessita para produzir efeitos de homologação, tampouco de termo. É ato unilateral de vontade. Na prática do foro, forjou-se o hábito de se designar "a desistência do recurso" como a "desistência do *prazo* de recurso". Esta "desistência do prazo de recurso" é, em verdade, o ato no qual a parte, expressamente, diz não querer recorrer. Ao contrário do que se sustenta na linguagem forense, há, certamente, renúncia ao poder de recorrer, e não desistência do recurso ainda não interposto. A desistência pode ser deduzida a qualquer tempo (art. 501, CPC). A alocução legal "a qualquer tempo" deve ser compreendida como a admissibilidade da articulação da desistência até o último momento em que a parte poderia se manifestar na sessão de julgamento. Esse momento consiste na sustentação oral do advogado do apelante. A desistência poderá ser inclusive deduzida oralmente na própria sessão de julgamento, como se infere da exposição.

Uma última palavra em relação aos poderes que deve ter o advogado para renunciar ou desistir da apelação. Segundo norma expressa (art. 38, CPC), a prática de ato de renúncia ou desistência exige poderes especiais. Assim, os advogados somente poderão praticar validamente esses atos munidos de poderes especiais. A cláusula "poderes gerais de foro" não habilita o profissional levar a cabo tais atos.

---

[212] Sérgio Bermudes, *Comentários...*, op. cit., p. 80. Sérgio Bermudes, na nota de rodapé nº 76, na obra citada, p. 80, traz à balha o pensamento de Pontes de Miranda sobre a distinção entre renúncia ao poder de recorrer e desistência do recurso. Diz este mestre: "desiste-se do recurso que se interpusera. Renuncia-se ao recurso que ainda se pode interpor. A previedade da renúncia é que a caracteriza. Ali, quem desiste extingue, com tal atitude, o direito que exerceu. Aqui, quem renuncia pré-corta o direito" (tomo VII, p. 109).

3.3.4. Do preparo

O último requisito extrínseco de admissibilidade do recurso de apelação é o preparo. Trata-se do pagamento das custas processuais pelo processamento do recurso[213]. Esse pagamento é prévio, em relação ao julgamento do recurso de apelação[214].

Sob o ponto de vista científico, não há maiores razões para manter-se a exigência do preparo para o processamento de qualquer recurso. O art. 511, com a redação que lhe deu a Lei 8.950/94, instituiu o preparo imediato[215], ou seja, o efetivado concomitantemente à interposição do apelo[216]. Como bem anota Nelson Nery Júnior, o preparo imediato já existia no processo trabalhista (CLT, art. 789, §§ 4º e 5º)[217].

---

[213] O percentual exigido para o preparo deve incidir sobre o valor da causa atualizado (RT 711/153). Cada apelante deve recolher, por inteiro, o preparo, pois é taxa judiciária, cujo fato gerador é prestação de serviço público forense (RT663/132). O benefício de isenção de preparo das custas recursais no que pertine às autarquias (entidades da administração indireta), na forma do art. 511 do CPC, pressupõe expressa e específica previsão legal (AC 590.067.419, 2ª Câmara Cível TJRGS). Não pode o julgador conceder a gratuidade da justiça para o fim de levantar a deserção (Julgados TARGS 83/188.).

[214] "Verificando-se que o preparo da apelação se deu tempestivamente; e quanto a isso, havendo evidente equívoco da Turma julgadora quando dela não conheceu, há de ser provido o Especial para que, cassada a decisão recorrida, o Tribunal aprecie o recurso interposto" (Revista do Superior Tribunal de Justiça 77/174).

[215] Sobre a vigência da Lei 8.950/94, entendeu a 3ª Câmara Cível TJRGS, em AC 595.089.145, estar configurada a deserção, por não-comprovação do preparo no ato de interposição do recurso, quando a lei estava em vigor há três dias. Votou vencido do Des. Nelson Oscar de Souza, Presidente e Revisor, entendendo que a norma anterior vigia há quase vinte e cinco (25) anos e que "modificar a postura mental em três dias, é exigir-se quase o impossível".

[216] Nesse sentido, decisão do Tribunal de Alçada de São Paulo, RT 726/315, assim ementada: "O preparo do recurso deve ser comprovado, no momento de sua interposição, pena de deserção, salvo justa causa devidamente comprovada, que inocorre na hipótese concreta". Mesmo entendimento: RJTJRGS 173/384; RJTJRGS 175/229.

[217] Nelson Nery Júnior, *Reflexos sobre o sistema dos Recursos Cíveis na Reforma Processual Civil de 1994*, Revista de Processo, v. 79, p. 121, 1995. Nelson Nery Júnior *Atualidades Sobre...*, op. cit., p. 127.

A inovação, face ao sistema anterior, merece aplausos, na medida em que afasta, definitivamente, a longa tramitação procedimental, com remessa dos autos ao contador e intimação da parte para a realização do preparo no prazo de dez dias. Na forma da nova regra, a prática do ato processual do preparo é simultânea com a interposição do recurso. A interposição do recurso e a feitura do preparo têm de ser praticados em momento coincidente, sob pena de inadmissibilidade do recurso[218]. É ato, portanto, complexo. Tendo a parte deixado de praticar um desses atos no mesmo momento processual, ocorrerá o impedimento da prática do outro, pois incidente a denominada preclusão consumativa.

Com a petição de interposição do recurso de apelação, deve o apelante juntar, também, a guia quitada que comprova o pagamento do preparo, sob pena de ser decretada a deserção[219]. Deserção significa sanção imposta ao recorrente que deixa de realizar preparo ou que o faça irregularmente. Segundo a doutrina, três hipóteses, face ao mandamento da nova lei, levam à deserção: a) ausência do preparo, ou seja, quando não forem pagas as custas do recurso ou; b) a não-juntada da guia de preparo devidamente paga, constituindo isso uma irregularidade do preparo, ou c) quando tiver sido juntada guia de pagamento, constando importância menor que a devida, o que constitui, também, irregularidade do preparo[220].

---

[218] A inadmissibilidade do recurso recairá não só sobre a apelação principal, como também sobre o recurso adesivo (CPC art.500, III), AC595.093.873, 6ª Câmara Cível TJRGS.

[219] "Não caracterizada a deserção se ou quando o recorrente comprova o recolhimento das custas devidas, no prazo estabelecido (art. 519, 1ª parte); ainda que efetuada a juntada da guia aos autos fora dele. A inteligência lógica do art. 519 do CPC não vislumbra nele a inequívoca exigência de que deva ela ser feita, necessariamente, naquele mesmo prazo. Precedentes do STJ" (Revista do Superior Tribunal de Justiça 68/ 326).

[220] Nelson Nery Júnior, *Reflexos sobre o sistema dos Recursos...*, op. cit., p. 125; idem in *Atualidades Sobre...*, op. cit., p. 138. Anota o mestre paulista que o STJ, em decisão recente, não conheceu de recurso interposto sem a compro-

O art. 519 do CPC estatui a possibilidade de ser relevada a pena de deserção, à vista de justo impedimento[221], fixando-se novo prazo para a realização do preparo[222]. Esta decisão é interlocutória, desafiando, em tese, o recurso de agravo de instrumento. Concretamente, a decisão é irrecorrível, não só face ao disposto no

---

vação do preparo, mesmo que juntada a guia dois dias depois, ainda que dentro do prazo de manejo do recurso: "Preparo imediato. A lei é expressa ao exigir a demonstração do pagamento do preparo no momento da interposição do recurso. Esse entendimento se harmoniza com o fim pretendido pelo legislador da reforma processual, qual seja, o de agilizar os procedimentos. Ademais, tal diretriz se afina com o princípio da consumação dos recursos, segundo qual a oportunidade de exercer todos os poderes decorrentes do direito de recorrer se exaure com a efetiva interposição do recurso, ocorrendo preclusão consumativa quanto aos atos que deveriam ser praticados na mesma oportunidade e não o foram, como é o caso do preparo, por expressa exigência do art. 511, do CPC" (STJ, 4ª Turma, Ag 93904- RJ, rel. Min. Sálvio de Figueiredo, DJU 16.2.1996, p. 3101).

[221] "A falta de conhecimento sobre como calcular o valor do preparo em hipótese alguma pode ser caracterizado como justo impedimento a relevar a pena de deserção acertadamente decretada" (RT 720/188). Da mesma forma, o retardamento da entrega de cópia de nota de expediente ao advogado, devidamente publicada no órgão oficial, não constitui justificativa suficiente para afastar a deserção do recurso, conforme decisão proferida no AI 592.020.192, pela 1ª Câmara Cível do TJRGS. Todavia, trata-se de justo motivo para o preparo tardio, a não-remessa oportuna do Diário de Justiça a advogado que o assina junto a órgão do próprio Poder Judiciário, embora em vigência a assinatura (RJTJRGS 175/585). Por outro lado, decisão da 3ª Câmara Cível TJRGS, proferida no AI 590.032.744, com a seguinte ementa: "A ocorrência da greve dos servidores da Justiça, embora não tivesse atingido os cartórios cíveis, por privatizados, implicou em obstáculos às partes, porque é notório que havia inclusive dificuldade de ingresso nas dependências do Foro. Tendo o preparo se efetivado no dia seguinte do término do prazo, releva-se a deserção" (no mesmo sentido, Revista do Superior Tribunal de Justiça 57/280). Contrariamente a este último entendimento, não considerando a greve como justo impedimento, acórdão publicado na RJTJRGS 152/433.

[222] Sobre esta questão, decisão do Tribunal de Justiça de São Paulo, inadmitindo a possibilidade de se fixar novo prazo para efetuação do preparo, RT 726/249, com a seguinte ementa: "A Lei de Introdução ao Código Civil, em seu art. 3º, afasta qualquer tentativa de justificativa para a não comprovação do preparo em tempo hábil". De forma diversa, entende a 3ª Câmara Cível TJRGS, em decisão proferida no AI 595.068.826, assim ementada: "Comprovado que os recolhimentos das custas de preparo não foram satisfeitos no ato de interposição do recurso por justa causa, é de se relevar a pena de deserção".

parágrafo único do art. 511, CPC, como também pela falta de interesse recursal, como já salientado anteriormente. Basta que o apelado alegue, em preliminar de contra-razões, a não-ocorrência do justo impedimento, e a questão será examinada pelo órgão revisional. Se o órgão arrecadador do preparo for uma instituição bancária e a parte interpuser o apelo no último dia do prazo, após o horário de funcionamento da instituição financeira[223], e inexistir horário específico para o seu funcionamento no edifício do foro, entendemos que existe a possibilidade de se entregar a peça recursal no último horário do expediente forense (art. 172, *caput* e § 3º), sem que se junte ao processo a comprovação de pagamento do preparo[224].

Com absoluto acerto diz o eminente jurista Nelson Nery Júnior:

"Admitir-se seja considerado deserto o recurso interposto nessas circunstâncias desacompanhado da guia de preparo, seria subtrair do recorrente parte do prazo que ele tem para interpor o recurso, em condenável e inconstitucional cerceamento de defesa. Neste caso, deverá o recorrente pagar as custas do preparo no dia útil imediato e juntar o comprovante o quanto antes aos autos do processo, requerendo ao juiz, fundamentada e comprovadamente, a relevação da deserção (CPC 519)". [225]

---

[223] "Para comprovar justa causa no atraso, deve o recorrente munir-se de declaração da agência bancária sobre o seu horário de funcionamento e de uma certidão forense de que esteve no Foro para recolher o preparo no último dia do prazo e que não o fez por fechamento da agência bancária" (AI 595.165.614, 7ª Câmara Cível TJRGS).

[224] No sentido do texto pensa Nelson Nery Júnior, *Atualidades* ...", op. cit., p. 138.

[225] Ibidem, p. 138. Equivocada, a nosso sentir, a decisão do Primeiro Grupo Cível do Tribunal de Alçada do Rio Grande do Sul, Agravo Regimental 195706155, Rel. Dr. Heitor Assis Remonti, Julgados, 96/203, assim ementado: "RECURSO. DESERÇÃO. Decorrido o prazo, está automaticamente verificada a preclusão temporal. A preclusão é um dos efeitos da inércia da parte, acarretando a perda da faculdade de praticar o ato processual. O prazo para

Em aresto que foi relator o eminente processualista gaúcho Antônio Janyr Dall'Agnol Júnior, assentou-se a tese de que o preparo do recurso de apelação deve ser levado a cabo "antecedentemente" a sua interposição[226]. Não resta dúvida, no nosso sentir, que o preparo pode ser feito a qualquer momento. Assim, v. g., o preparo pode ser realizado no quinto dia do prazo do recurso, e a interposição ocorrer no décimo quinto dia e, portanto, no último dia do prazo. Agora, não nos parece adequado finalisticamente sustentar-se que a parte não poderia alegar justo impedimento para efeito de relevação da pena de deserção, quando interpusesse o apelo no último dia do prazo, porém fora do horário de trabalho bancário. Tem-se dito que o conhecimento do horário de fechamento do estabelecimento bancário é fato público e notório, e, assim, não poderia ser considerado evento imprevisto para afastar a preclusão[227].

Efetivamente, a legislação processual brasileira qualifica a justa causa como o evento imprevisto, alheio

---

a realização do preparo coincide com o prazo recursal e deverá ser comprovado no ato de interposição do recurso, sob pena de deserção. O preparo dever ser feito no horário de funcionamento do órgão arrecadador, mesmo que este se encerre antes do final do expediente forense." Em recente decisão, o Superior Tribunal de Justiça já reconheceu a inocorrência de deserção de recurso entregue no último dia do prazo após encerramento do expediente bancário, Recurso Especial 67.945, Rel. Min. Ruy Rosado de Aguiar, RT 727/140, assim ementada: "Não está deserto apelo cujo numerário para preparo é entregue ao serventuário da Justiça no último dia do prazo, depois de encerrado o expediente bancário. A existência de instrução da Corregedoria-Geral, proibindo o servidor de receber numerário em cartório, significa que houve infração administrativa, mas o prejuízo não pode recair sobre a parte, que confiou na regularidade do procedimento cartorário".

[226] Julgados 96/200. Eis o trecho do voto condutor proferido pelo Prof. Antônio Janyr Dall'Agnol Júnior, no particular: "A oportunidade para a prova do preparo - que, pois, deve realizar-se antecedentemente - é o 'ato de interposição do recurso' (art. 511, *caput*, do CPC, com a nova redação). Não há outra ocasião. Trata-se de evidência que se há que realizar simultaneamente com o ajuizamento do recurso."

[227] Excerto do voto do juiz Heitor de Assis Remonti, *in* Julgados 96/205.

à vontade da parte e que a impediu de praticar o ato por si ou por mandatário (art. 183, § 3º).

A exigência de que o preparo seja feito no último dia do prazo em horário reduzido representa um encurtamento do lapso temporal para a prática do ato processual. A subtração do prazo, na circunstância, é maltrato do princípio do acesso ao duplo grau de jurisdição. Somente fatos muito sérios, relevantes, é que podem retirar da parte o direito à revisão da sentença que ela reputa nula ou injusta. O rigorismo das decisões mencionadas parece ser fruto da idéia de se atribuir à reforma processual, no concernente ao preparo, maior agilidade e efetividade processuais. O processo deve ser efetivo e rápido, tanto que não se sacrifique o direito das partes, sobretudo o direito à revisão das decisões.

Como já afirmado, não havendo maiores fundamentos científicos que venham justificar a necessidade do preparo do recurso, há de se interpretar a regra em apreço com parcimônia, levando-se em conta, à evidência, a finalidade da norma, qual seja, normatizar a questão relativa ao custo do processamento do apelo.

Capítulo IV

4. Dos efeitos da apelação

4.1. Introdução ao tema

O exame dos efeitos do recurso de apelação, sobretudo a análise que devemos produzir acerca da exegese dos §§ 1º e 2º do art. 515 do CPC, é nossa próxima tarefa. A literatura processual civil, de um modo geral, relata a existência de, apenas, dois efeitos nos recursos: o devolutivo e o suspensivo. Esses dois efeitos são identificáveis no recurso de apelação[228]. A norma jurídica, no sistema processual civil recursal brasileiro, é no sentido de que a apelação, recurso por excelência, seja, em geral, dotada dos dois efeitos[229]. Aliás, o recurso de apelação que não tem efeito suspensivo é indicado expressamente pela lei processual[230].

---

[228] Jorge Americano, *Comentários ao Código de Processo Civil do Brasil*, v. IV, São Paulo: Saraiva, 1943, p. 36, reconhecendo a importância do efeito devolutivo na apelação diz: "O efeito devolutivo da apelação é o seu efeito necessário." A assertiva é precisa, pois que não existe recurso que não seja dotado de efeito devolutivo. Mesmo o recurso de embargos de declaração tem efeito devolutivo, pois esse efeito significa a transferência da matéria impugnada ao juízo recursal, pouco importando que ele seja o mesmo que proferiu a decisão atacada.

[229] Art. 520, CPC.

[230] Não tem efeito suspensivo a apelação interposta da sentença que: a) homologar a divisão ou a demarcação; b) condenar à prestação de alimentos; c) julgar a liquidação de sentença; d) decidir o processo cautelar; e) rejeitar liminarmente embargos à execução ou julgá-los improcedentes (art. 520, 2ª parte, CPC); f) decretar a interdição (art. 1.184, CPC). Também o recurso de apelação é recebido, no efeito apenas devolutivo, nas sentenças proferidas nas ações que envolvam relações locatícias (art. 58, V, da Lei 8.245/91), por exemplo.

Veremos, porém, outros efeitos que a interposição de um recurso gera. Esses efeitos foram convenientemente expostos e sistematizados pelo Prof. Nelson Nery Júnior, um dos maiores processualistas brasileiros da atualidade. Os efeitos são os seguintes: a) expansivo; b) translativo e c) substitutivo[231].

4.2. Do efeito devolutivo

Ao apelar a parte manifesta expressamente uma vontade de alterar a decisão que, sob o ponto de vista prático, lhe trouxe um prejuízo. Assim, todo recurso leva o reexame da causa ao órgão encarregado pela lei de analisá-lo, pouco importando seja ele um Tribunal ou o mesmo órgão que proferiu a decisão atacada. A doutrina tradicional identifica esse fenômeno como "devolução". Portanto, a qualquer recurso se atribui o denominado efeito devolutivo. No recurso de apelação ele é inerente[232].

A expressão "devolutivo" tem sofrido, na recente literatura, severas críticas[233], pois o sentido histórico da expressão "devolução do conhecimento" representava a fase na qual o juízes eram meros agentes do Soberano,

---

[231] Nelson Nery Júnior, Princípios Fundamentais..., op. cit., p.196.

[232] João Claudino Oliveira, Do Recurso..., op. cit., p. 158, é enfático ao referir que o efeito devolutivo faz parte da apelação. Diz o mestre: "Não pode haver apelação, sem efeito devolutivo, pois por ele é que a causa sofrerá novo exame para novo julgamento."

[233] Manuel Ibáñez Frocham, Los Recursos..., op. cit., nº 39, p. 45, critica o uso da expressão "devolutivo", explicando a sua origem histórica: "Esta expresión *efecto devolutivo* tampoco tiene hoy sentido si no recurre nuevamente a la historia; los tribunales superiores que representan más directamente al Soberano, delegavan en el juez de primera instancia el conocimiento del asunto; éste al dictar sentencia, *devolvía* al superior las facultades que le había delegado. En el Estado Moderno ésto no tiene sentido: los jueces, en la aplicación de la ley, no dependen los unos de los otros, y todos, hasta los de la justicia de paz, son investidos directamente de jurisdicción por el propio Estado, para que, como órganos del mismo, decidan el litigio. Nada *devuelven*, pues."

sempre atuando em seu nome. Em verdade, quando se fala em "devolução" se pensa, apenas, na demonstração de ataque à decisão da causa ou de um incidente, almejando, evidentemente, o seu reexame. Não se pode imaginar que, na atualidade, por "devolução" se considere, tão-somente, a transferência do julgamento para outro órgão, diverso daquele que prolatou a decisão guerreada. Há, também, "devolução" quando a irresignação é apreciada pelo mesmo órgão que prolatou a decisão. Em face da ambigüidade do termo "devolução", geradora de equívocos e confusões, não faltou quem pretendesse substituir o termo por fórmula mais singela: a) alguns querendo que a apelação fosse qualificada "com efeito suspensivo" e "sem efeito suspensivo"; b)outros, efeito resolutório; c) outros ainda, efeito de transferência[234]. Esta última foi proposta por Alcides de Mendonça Lima e é, realmente, tentadora, principalmente porque dá a exata dimensão do fenômeno[235].

---

[234] Manuel Ibáñez Frocham, Los Recursos..., op. cit., nº 39, p. 46: "Más correcto sería hablar de apelación con efecto suspensivo y de apelación sin efecto suspensivo". Agustin A. Costa, El Recurso Ordinario ..., op. cit., nº 38, p. 61, sugere substituir-se "efeito devolutivo" por "efeito resolutório". As justificativas são as seguintes: "... y como ninguna razón existe para mantener el uso del término, conviene sustituirlo por resolutorio, que da con exactitud la idea del efecto que en estas ocasiones tiene la apelación. Alcides de Mendonça Lima, Introdução..., como já foi dito, op. cit., nº 186, p. 287, alvitra o uso da nomenclatura "efeito de transferência", pois se transfere o conhecimento da causa ao órgão ad quem. A sugestão preconizada pelo eminente processualista gaúcho é, a nosso sentir, melhor, tecnicamente, do que as propostas pelos dois autores acima citados. A primeira proposta enfoca o problema apenas na ótica da suspensividade da apelação. A segunda envolve um ferrenha controvérsia acerca da natureza jurídica da sentença sujeita a recurso. Segundo se vê, Agustin A. Costa teria, no particular, adotado o ponto-de-vista de Mortara: "l'evento della riforma o dell'annullamento ha carattere di condizione risolutiva, no sospensiva, dell'autorità della sentenza", apud Alcides de Mendonça Lima, Introdução..., op. cit., p. 287, nota de rodapé nº 424.

[235] Parece-nos correto o alvitre do Prof. Alcides de Mendonça Lima, como já sublinhamos, em relação ao uso da expressão "efeito de transferência", pois atenderia, como ele próprio alude, ao moderno e democrático conceito de jurisdição, como órgão da soberania do Estado, na dimensão de um poder independente, Introdução ..., op. cit., p. 287.

Com efeito, "devolução" do conhecimento da matéria impugnada, bem acentuou Nelson Nery Júnior, é resultado do princípio dispositivo[236]. Consiste na transferência da matéria, objeto da impugnação recursal, ao juízo revisional, a fim de se proceder ao seu reexame. O juízo que examina a apelação somente poderá julgar o que o apelante tiver pedido nas razões de sustentação do recurso, que se encerra, como é natural, com o pedido de nova decisão. Com efeito, o pedido de nova decisão, tal como o pedido deduzido na peça vestibular do processo, traça um paralelo entre o direito de ação e os recursos, estabelece os contornos em relação aos limites e âmbito da devolutividade do recurso de apelação. Liebman diz que o apelo provoca "*un nuovo giudizio sulla stessa domanda*: esso ha perciò, come sua principale caratteristica, *l'effetto devolitivo*, cioè il passagio della causa decisa dal giudice inferiore, alla piena cognizione del giudice superiore (s'intende, nei limiti dell'appello effettivamente proposto"[237]. A conclusão, destarte, é de que a extensão do efeito devolutivo se estabelece pela extensão da inconformidade, consistente em *tantum devolutum quantum appellatum*[238]. Essa também é a conclu-

---

[236] Paulo Cezar de Aragão, *Digesto...*, op. cit., p.447, sustenta que o princípio que dá base ao efeito devolutivo é o da iniciativa da parte, que, muitas vezes, é identificado, infelizmente, com o princípio dispositivo.

[237] Enrico Tullio Liebman, *Manuale di Diritto Processuale Civile*, v. II, Milano: Dott. A. Guffrè Editore, 1984, p. 298.

[238] Rogério Lauria Tucci, *Curso de Direito...*, op. cit., p. 292, diz que "o efeito devolutivo consiste em que se devolva ao juízo do recurso o conhecimento da lide ou qualquer outras questões decididas na sentença pelo juiz de primeiro grau". Moacir Amaral dos Santos, *Primeiras Linhas...*, op. cit., p. 103, sustenta o seguinte: "A apelação se destina a obter do juízo de segundo grau (juízo *ad quem*), por intermédio do reexame da causa, a reforma total ou parcial da sentença proferida pelo juiz de primeiro grau (juízo *a quo*). Em conseqüência, a apelação *devolve* ao juízo *ad quem* o conhecimento da causa decidida no juízo *a quo*. Nisso consiste o efeito devolutivo." As fórmulas conceituais apresentadas pelos processualistas citados não são, a nosso sentir, as mais corretas no plano científico e legal. Em primeiro, efeito devolutivo é transferência da matéria integrante da causa que foi impugnada. Só se devolve ao juízo do recurso o conhecimento da causa, na sua integralidade, se a apelação foi total. Caso contrário, a causa na sua totalida-

são de Liebman a afirmar que "L'evoluzione storica ha portato al risultato che vengono devolute all cognizione del giudice di secondo grado quelle sole parti della sentenza (quei soli *capi*) che furono oggetto d'appello (*tantum devolutum quantum appellatum*)"[239].

A sentença apelada[240] muitas vezes examina o mérito da causa (diz-se da sentença definitiva), outras, apenas, questões preliminares ao exame do mérito (fala-se, como já é sabido, em sentença terminativa). Assim, é imprescindível que se perquira se a decisão do juízo revisional atingirá toda a área coberta pela sentença do juiz *a quo*. A questão é examinada no plano horizontal. Trata-se da extensão do efeito devolutivo[241], ou mais precisamente, conforme pensamos, do próprio efeito devolutivo.

de não chega ao conhecimento do órgão revisional, exceto se tratar de questões apreciáveis de ofício, tais como os pressupostos processuais, condições da ação, coisa julgada, litispendência e perempção (art. 267 §3 º, CPC), como conseqüência do efeito translativo. Em segundo, o disposto no art. 515 é preciso no sentido de delimitar que a devolução se restringe à matéria impugnada na apelação. Parece-nos que a locução "devolve o conhecimento da causa" ou outra semelhante "devolve o conhecimento da lide" nos conduz a imaginar que a simples interposição do apelo faz chegar ao exame do juízo recursal a totalidade da causa. Há, ainda, segundo pensamos, um resquício da apelação comum, no conceito formulado por alguns processualistas, do efeito devolutivo, pois aquele instituto era tradicional no sistema recursal brasileiro, como nos relata Pontes de Miranda, *Comentários*..., op. cit., p. 208: "No direito lusitano, a apelação era *comum* às partes e assim se transmitiu ao direito brasileiro." Por outro lado, Pontes de Miranda chega a sustentar que o Código manteve a devolução completa. É significativa a seguinte passagem: "A apelação devolve toda a cognição; portanto, todas as comunicações de vontade e todas as afirmações de ambas as partes", op. cit. p. 211. A apelação devolve toda a cognição, como certeza, mas nos limites e âmbito da extensão (efeito devolutivo) e profundidade (efeito translativo) da matéria que foi impugnada.

[239] Liebman, *Manuale de Diritto*..., op. cit., p. 300.

[240] Barbosa Moreira, *Comentários*..., op. cit., p. 484.

[241] Pontes de Miranda, *Comentários*..., p. 212, também reconhece que, na devolução, há extensões que precisam ser distinguidas: a do efeito recursal devolutivo, que é quanto ao que se devolve. Mais adiante o eminente jurista diz que: "O que foi 'matéria impugnada' tem de ser julgado na apelação, uma vez que o juízo de cuja sentença se apelou julgara na sentença" op. cit., p. 213.

A decisão apelada também, como é curial, tem os seus fundamentos: para sentenciar, o juiz examina e resolve questões, ou seja, pontos de fato e de direito que foram deduzidos pelas partes ou avaliados de ofício. Como bem pondera Barbosa Moreira:

"Cumpre averiguar se todas essas questões, ou nem todas, devem ser reexaminadas pelo tribunal, para proceder, por sua vez, ao julgamento; ou ainda se, porventura, hão de ser examinadas questões que o órgão *a quo*, embora pudesse ou devesse apreciar, de fato não apreciou. Focaliza-se aqui o problema em perspectiva vertical."[242]

O enfoque, agora, é de profundidade que entendemos melhor qualificar como efeito translativo, pelas razões que serão expostas, no momento oportuno.

Se, apenas, é objeto de exame, por parte do órgão revisor, a matéria que compõe a irresignação, nos estritos e restritos limites formulados pelo apelante, não se pode pensar em *reformatio in pejus*[243].

Em posição diametralmente oposta ao princípio dispositivo e ao efeito devolutivo da apelação, está a *appellatio generalis*, que se caracterizava pelo entendimento de que a apelação de um dos litigantes transferia ao conhecimento do juízo *ad quem* toda a matéria submetida ao crivo do primeiro grau de jurisdição. Colorário da *appellatio generalis* era o princípio da *beneficium commune*, que possibilitava, como é de se inferir, a reforma para agravar a situação do único apelante.

O *caput* do art. 515 (CPC) reconhece, no plano legal, o efeito devolutivo, nos termos aqui preconizados, razão pela qual, face ao princípio dispositivo e aos limites

---

[242] Barbosa Moreira, Comentários..., op. cit., p.484.

[243] Entende-se por *reformatio in pejus* o novo julgamento que seja mais desfavorável ao recorrente do que aquilo em que a sentença o ferira. Define-o Barbosa Moreira como o julgamento proferido pelo órgão *ad quem* mais desfavorável sob o ponto de vista prático, do que aquele contra o qual se interpôs o recurso, Comentários..., p. 486.

fixados pelo apelo, é permitido rematar que o nosso sistema processual não reconhece a aplicação da *reformatio in pejus*, pois, não sendo assim, ocorreria vulneração ao princípio antes mencionado e, sobremodo, à devolutividade do recurso.

Não se admite, com efeito, que a extensão da matéria, alvo da inconformidade, seja maior que a matéria decidida, motivo por que o reexame feito pelo juízo *ad quem* nunca terá objeto mais extenso do que o apreciado na sentença recorrida[244]. O problema hermenêutico que surge com a aplicação do art. 516 do CPC será alvo de considerações quando tratarmos do efeito translativo[245].

Reconhece a doutrina a distinção entre a apelação total e a parcial. A primeira consistiria na impugnação total da sentença. Na segunda, o vencido impugna somente parte da sentença[246]. A exata noção, portanto, do princípio dispositivo, aliada à idéia de que o manejo do recurso de apelação é expressão de vontade do vencido, leva-nos a compreender a importância da extensão e da profundidade do recurso.

Se a apelação envolve toda a matéria resolvida na sentença, significa que a extensão do recurso é igual a essa. Também é admissível, por outro lado, ser possível a inconformidade ter objeto menos extenso do que o julgamento primitivo, como no caso de apelação parcial. Exemplifiquemos: Caio move ação de indenização contra Tício, pleiteando 300, a título de danos patrimoniais, e 200 de lucros cessantes. A sentença condena Tício a

---

[244] Barbosa Moreira, *Comentários...*, p. 485, conclui no mesmo sentido do texto referido no presente trabalho.

[245] Com precisão menciona Luiz Machado Guimarães, *Limites objetivos...*, op. cit., nota de rodapé nº 2, p. 28, que "o efeito devolutivo será total ou parcial, conforme a extensão do objeto que versa a apelação; o novo exame é sempre integral, ainda que verse sobre parte da demanda. Pode-se dizer que o efeito devolutivo é total,ou parcial - quanto à extensão...".

[246] José Frederico Marques, *Manual de Direito Processual Civil*, v. III, São Paulo: Saraiva, 1982, p. 136. No mesmo sentido, Sérgio Bermudes, *Curso de Direito...*, op. cit., p. 55.

pagar ao autor 250 de danos patrimoniais e 150 de lucros cessantes. A apelação de Caio deseja a total procedência do pedido. A extensão do recurso fica vinculada ao: a) pedido de acréscimo da condenação em até 50 por danos patrimoniais, sendo lícito ao juízo revisional acrescentar a condenação em 50, ou em quantia menor ou desacolher o pedido, mantendo, neste caso, a sentença apelada; b) em relação aos lucros cessantes, a extensão do efeito devolutivo fica restrita ao exame do acréscimo de até 50, podendo o juízo *ad quem* acrescer a condenação em 50, ou em importância menor ou, finalmente, desacolher a pretensão recursal propriamente dita. Caio não poderia pretender, na apelação, a condenação de Tício por danos morais, tampouco dizer que os danos patrimoniais são devidos em razão de um fato não descrito na petição inicial.

Resumindo: as conseqüências da extensão do efeito devolutivo são as seguintes: a) inadmite-se inovação na causa por ocasião do uso da apelação, de tal sorte que é proibido pedir o que não foi pedido perante o juízo *a quo*, bem como não se pode formular outra *causa petendi*[247], exceto na circunstância do art. 321, *in fine*, do CPC; b) a atividade de conhecimento do órgão revisor fica adstrita à parte ou às partes da sentença que tenham sido objeto de inconformidade; e c) finalmente, a vedação da *reformatio in pejus*[248].

4.3. Do efeito translativo

Mais problemática, em sede de doutrina, é a questão relativa à profundidade do efeito devolutivo da

---

[247] O dogma da inalterabilidade da causa de pedir vem sofrendo acirrado combate na doutrina moderna. Com efeito, tem plena incidência o disposto no art. 462 do CPC que, de forma clara, permite ao juiz levar em conta ao julgar fatos constitutivos, extintivos ou modificativos supervenientes à relação jurídica posta em exame. Sobre o tema, é indispensável consultar a sábia conferência do Des. Galeno de Lacerda, *in: Ajuris*, nº 28, julho-83, pp.12 e 13.

[248] Barbosa Moreira, *Comentários...*, op. cit., p. 485.

apelação[249], que concebemos como efeito translativo. Como já se disse, o juiz profere a decisão examinando os fundamentos expostos na ação e na defesa, analisando todos ou alguns pontos de fato e de direito, deduzidos no processo, seja pelo autor ou pelo réu ou por terceiro interessado, bem como aquelas questões que devam ser apreciadas de ofício. Compõe-se a profundidade do efeito translativo "dos elementos com que há de contar o órgão recursal para julgar"[250]. Pode, perfeitamente, ocorrer que a decisão apelada tenha examinado todas as questões postas no debate travado, ou que se tenha omitido sobre alguma(s). A questão comporta conhecer-se em que medida competirá ao órgão recursal a apreciação das questões suscitadas pelas partes, ou apreciáveis de ofício, dentro, é claro, dos limites da "matéria impugnada".[251] A interpretação que devemos proceder resulta do exame dos §§ 1º e 2º do art. 515, e do disposto no art. 516 do CPC.

Tem-se afirmado, com efeito, que a extensão do objeto de julgamento pelo órgão *ad quem* está vinculada à própria extensão do apelo. Em verdade, o órgão revisor não pode extrapolar o pedido de nova decisão, consoante as razões do recurso, sob pena de julgamento *citra, extra* ou *ultra petita*, pela aplicação, em sede recursal, do disposto nos arts. 128 e 460 do CPC.

Existem, entretanto, situações em que é autorizado ao órgão *ad quem* extrapolar no julgamento à extensão do

---

[249] Ibidem, pp. 500 e seguintes. No mesmo sentido, Moacir Amaral dos Santos, *Primeiras Linhas...*, op. cit., p. 104 ; Corrêa, Orlando de Assis, *Os Recursos no CPC*, Porto Alegre: Síntese, s/d, p. 58; Tucci, Rogério Lauria, *Curso de Direito...* op. cit., p. 292, aderindo à tese de que a questão é de devolução integral da causa, arremata a respeito: "Pode acontecer, realmente, que a apreciação do juiz singular não tenha exaurido todas as questões suscitadas e discutidas durante o curso do procedimento no juízo de primeiro grau. Mesmo assim, a devolução ao tribunal, integral na sua *profundidade*, abrangerá todas elas, tanto as solucionadas como as que o poderiam ser; e, outrossim, não só as verificáveis de ofício, como as dependentes de provocação dos interessados e, por eles, efetivamente, argüidas e debatidas."
[250] Pontes de Miranda, *Comentários...*, op. cit., p. 212.
[251] Barbosa Moreira, *Comentários...*, op. cit., p. 500.

objeto do apelo, sem que tal procedimento venha caracterizar julgamento *citra, extra* ou *ultra petita*, em maltrato direto aos arts. 128 e 460, sobreditos. Essas hipóteses ocorrem, em geral, em questões de ordem pública, que, necessariamente, devem ser conhecidas e examinadas de ofício pelo juiz, sem que se possa falar em preclusão, acaso não deduzidas (por exemplo, o exame da exceção de coisa julgada, litispendência condições da ação, perempção, etc., consoante o § 3º, art. 267; § 4º, art. 301 do CPC).

Dispõe o § 1º do art. 515 da lei processual que serão objeto de apreciação e julgamento pelo Tribunal todas as questões suscitadas e discutidas no processo, mesmo que a sentença não as tenha julgado por inteiro. A sua vez, o § 2º da mesma norma legal em apreço dispõe que se o pedido ou a defesa contiver mais de um fundamento, e o juiz acolher apenas um deles, a apelação devolverá (*rectius*: transladará) ao Tribunal o conhecimento dos demais. Essas duas regras permitem concluir que não só a análise das questões de natureza pública serão transladas ao órgão revisional, como também aquelas dispositivas que não foram apreciadas pelo juízo *a quo*, mesmo que tenham sido provocadas e debatidas no processo.

Merece especial atenção a regra do art. 516 do CPC, cujo conteúdo é o seguinte: "Ficam também submetidas ao tribunal as questões anteriores à sentença, ainda que não decididas". A redação anterior da norma sofreu profunda crítica de Barbosa Moreira[252]. Sustentava, então, o mestre carioca que "Árdua é a tarefa de determinar quais são as questões a que se refere o art. 516".[253] Mais adiante arrematava: "O dispositivo só pode aludir às questões que, anteriores embora à sentença, porventura não hajam sido decididas pelo juiz: por não terem

---

[252] Também criticaram o dispositivo em pauta Sahione Fadel e Sérgio Bermudes, consoante nos relata Orlando de Assis Corrêa, *Os Recursos*..., op. cit., pp. 61 e 63.

[253] Barbosa Moreira, *Comentários*..., op. cit., p. 505.

sido decididas, não poderiam ter constituído objeto de agravo, já que, inexistindo decisão, era inconcebível que se interpusesse recurso".[254] Com efeito, a redação era a seguinte: "Ficam também submetidas ao tribunal as questões anteriores à sentença final, salvo as impugnáveis por agravo de instrumento."
A nova dicção resolveu, em boa hora, a má redação técnica do dispositivo, acolhendo, como anota a doutrina[255], a sugestão de Barbosa Moreira. Todavia, em nada alterou o problema da aplicação da regra.

Com efeito, Barbosa Moreira ensina que essas questões anteriores à sentença, não decididas, ficam alcançadas pelo efeito devolutivo, por incidência do § 2º do art. 515[256]. Em escólio ao art. 516, também menciona o festejado processualista que tais questões anteriores à sentença, ainda que não julgadas, seriam encobertas pelo devolução da apelação[257]. A pena de Nelson Nery Júnior anota a contradição do professor carioca[258].

Concordamos com a lição de Nelson Nery Júnior no sentido de que a regra em apreço é inócua[259], pois entendemos que a hipótese ali contemplada já se ajustava à dicção do § 1º do art. 515. As questões que foram suscitadas no processo e anteriores à sentença, mas que não receberam julgamento, são transladadas, por força do § 1º do art. 515, consoante já referimos. Em verdade, a regra (art. 516), de acordo com a nova versão legal, contempla uma hipótese que já se encontrava disposta em outro lugar, mais exatamente no § 1º do art. 515. O

---

[254] Barbosa Moreira, Comentários..., op. cit., p.505.
[255] Nelson Nery Júnior, *Atualidades*..., op. cit., nº 42, p. 131. Barbosa Moreira, Comentários..., op. cit., nº 248, p. 504.
[256] Apud Barbosa Moreira, Nelson Nery Júnior *Atualidades*..., op. cit., p. 132.
[257] Barbosa Moreira, *Comentários*..., nº 248, p. 505.
[258] Nelson Nery Júnior, *Princípios Fundamentais* ..., op. cit., p. 236, nota de rodapé, nº 605.
[259] Em nosso pensamento, a regra do art. 516, com a nova redação, não é desprovida de eficácia, como aduz Nelson Nery.

legislador esclareceu que as questões ainda não decididas seriam levadas ao julgamento do órgão *ad quem*. O § 1º do art. 515 estabelece que ocorrerá *apreciação e julgamento* pelo juízo *ad quem* das questões que foram suscitadas e discutidas no processo, *ainda que a sentença não as tenha julgado por inteiro*. Aqui, admite-se a transladação de questões que não tenham sido julgadas, porque a cláusula "ainda que a sentença não as tenha julgado por inteiro" nos conduz a aceitar a idéia de que não se faz mister, para a transladação, o julgamento da questão. Dizer que se translada ao juízo revisional alguma(s) questão(ões) que não a(s) tenha(m) sido julgada(s) por inteiro é concluir que o julgamento foi parcial ou que não foram objeto de exame alguns pontos. Divergimos, porém, como visto, do renomado processualista paulista, no que tange à conclusão de que as questões não decididas já estariam devolvidas ao órgão revisor em decorrência da aplicação do *caput* do art. 515.

Conforme já anotamos, os §§ 1º e 2º do art. 515 contemplam o efeito translativo da apelação. O *caput* do art.515, o efeito devolutivo. Alguns processualistas vêem, nesses dois parágrafos, a profundidade do efeito devolutivo. Não comungamos deste pensamento, pelos motivos antes expostos.

O efeito devolutivo sempre supõe um ato de vontade no manejo do recurso, não existindo qualquer possibilidade de ser caracterizado quando ocorrer omissão, da parte ou interessado, sobre alguma questão não mencionada nas razões ou contra-razões do apelo[260].

Por isso, bem anota o festejado jurista paulista, não é vedada a extinção do processo sem exame do mérito, ao decidir-se apelação interposta apenas pelo demandante, contra sentença que provera sobre o mérito, não se podendo falar, também, em *reformatio in peius*. É evidente que houve uma reforma para piorar a situação,

---

[260] Nelson Nery Júnior, *Princípios Fundamentais....*, op. cit., p. 237.

no processo, do recorrente, mas a lei a permite, em razão de critério de ordem pública, como, por exemplo, sobre as condições da ação, que podem ser conhecidas e julgadas, independente de solicitação da parte ou de interessado, pelo juízo da apelação. Estamos, neste caso, frente ao efeito translativo. Aliás, a proibição da *reformatio in peius* é conseqüência própria do efeito devolutivo, pois aí somente é transferida ao juízo *ad quem* a matéria impugnada, nos estritos e restritos[261] limites da inconformidade.

Parece-nos, destarte, de real importância não só prática, como também doutrinária, o reconhecimento pelos estudiosos da existência do efeito em estudo, apartando-o do efeito devolutivo. Várias são as razões. Em primeiro, porque resolve-se, de vez, o problema gerado pela conceituação de profundidade do efeito devolutivo e extensão desse mesmo efeito. Em segundo, encontra-se explicação absolutamente correta, no plano doutrinário, para o problema do exame, de ofício, pelo órgão revisional, de questões que sequer foram objeto de impugnação por parte do apelante.

Por outro lado, a adoção do efeito translativo afasta o fantasma da proibição da *reformatio in pejus* em questões de natureza pública, como por exemplo, a legitimidade das partes, o interesse processual e a possibilidade jurídica do pedido. Pela fundamental importância de determinadas questões processuais, o legislador expressamente permite o seu exame a qualquer momento, pois o interesse público assim o exige. O processo não é propriedade dos litigantes. Em verdade, o Estado-Juiz não pode ficar à mercê dos caprichos dos sujeitos do processo (autor e réu).

---

[261] Reputamos salutar a ênfase nos termos utilizados, com o fito de sublinhar que o efeito devolutivo se restringe, exclusivamente, ao objeto da inconformidade.

4.4. Do efeito suspensivo

Efeito suspensivo é a propriedade do recurso que leva ao adiamento da produção dos efeitos normais da decisão hostilizada, a partir do momento em que é possível impugná-la. Essa qualidade subsiste até que ocorra a preclusão da decisão objeto do recurso. Assim, em razão do efeito suspensivo, o conteúdo da sentença não pode ser materializado até que se julgue o recurso respectivo.

Com essa visão, que penetra no âmago do fenômeno, é forçoso acreditar que a suspensividade respeita muito mais à recorribilidade da decisão do que propriamente com o recurso utilizado, na medida em que o efeito suspensivo tem, no plano processual, o seu termo *a quo* a partir do momento em que a sentença veio ao mundo jurídico; mais rigorosamente, a partir da sua publicação, sobrevivendo (o efeito suspensivo), pelo menos, até que transcorra o prazo para que o legitimado possa apelar.

Em verdade, sob o ponto de vista absolutamente científico, o que ocorre durante o prazo que escoa entre a publicação da sentença até a interposição, em si, do apelo, é a suspensão dos efeitos da decisão, ou seja, a eficácia da sentença fica sob condição suspensiva até a interposição do apelo[262]. Se o efeito suspensivo do apelo surgisse, apenas, quando da interposição do recurso, a sentença prolatada poderia se materializar nesse período, tornando o efeito suspensivo do recurso sem qualquer utilidade prática. A conclusão a que chegamos, apoiados nos ensinamentos de Nelson Nery Júnior, é a seguinte: se a apelação for recebida no efeito suspensivo é possível dizer-se que este efeito nasce com o aparecimento da sentença[263].

---

[262] Nelson Nery Júnior, *Princípios Fundamentais* ..., op. cit., p. 208.

[263] Ibidem, p. 209.

O efeito suspensivo da apelação não adia o trânsito em julgado da decisão, pois o adiamento ocorre em razão do efeito devolutivo, consoante já demonstramos. Aliás, essa é a opinião majoritária na doutrina, citando-se, por exemplo, a posição de Sérgio Bermudes, Vicente Greco Filho, João Claudino, Nelson Nery Júnior, Agustin A. Costa, Manuel I. Frocham e Barbosa Moreira[264]. Como observa este último, a doutrina dos países germânicos é que concebe o efeito suspensivo como impedimento à formação da coisa julgada[265].

A regra, no sistema processual brasileiro, tem sido no sentido de se atribuir ao recurso de apelação o efeito suspensivo, como se vê do disposto no art. 520, primeira parte, do CPC. Há, todavia, uma tendência atual, no Direito Brasileiro, em se prestigiar a sentença monocrática *a quo*, possibilitando, de pronto, a execução, mesmo que provisória, excluindo-se a suspensividade.

Aliás, o disciplinamento legal da tutela antecipada, na forma do art. 273 do CPC, vem em resposta à insuficiência do processo de conhecimento, especialmente do rito ordinário, na prestação jurisdicional. O processo, como instrumento de realização do direito substancial, tem de ser efetivo e sobretudo garantir o amplo acesso da população à jurisdição. Esse binômio - livre acesso à jurisdição e efetividade do processo na realização do direito substancial - é a grande preocupação da ciência processual moderna. A "falência" do procedimento ordinário é conseqüência da demora na

---

[264] Sérgio Bermudes, *Curso de Direito...*, op. cit., p. 55; Barbosa Moreira, *Comentários...*, op. cit., p. 295; Agustin A. Costa, *El Recurso Ordinario...*, op. cit., p. 61; Manuel I. Frocham, *Los recursos...*, op. cit., n° 39, p. 45; Vicente Greco Filho, *Direito Processual...*, op. cit., n° 67, p. 290; Nelson Nery Júnior, *Princípios...*, op. cit., p. 209; João Claudino, *Apelação...*, op. cit., n° 52, p. 161.

[265] Barbosa Moreira, *Comentários...*, op. cit., pp. 294-295, citando o pensamento dos seguintes autores alemães modernos, na nota de rodapé n° 347: Rosenberg-Schwab, "Zivilprozessrecht", p. 757; Jauernig, "Zivilprozessrecht", p. 231; Baur, "Zivilprozessrecht", p. 175.

prestação jurisdicional pedida pelas partes ou interessados.

Já há algum tempo, Ovídio A. Baptista da Silva, um dos mais renomados juristas do país, alertava sobre o problema agudo da efetividade do processo:

"Na realidade, o que se verifica na experiência forense brasileira, independentemente do que o Código prescreva, ou daquilo que a doutrina nos ensine, é uma batalha sem quartel contra a lentidão e a inoperância do *procedimento ordinário*, e, mais do que contra seu emperramento, contra a *passividade* em que o mesmo coloca o magistrado."

E arremata, certeiramente:

"Preso ainda a um ultrapassado *galicismo* judiciário, herdado da revolução liberal do século XVIII, o legislador brasileiro manteve uma visível desconfiança contra o juízo de primeiro grau, evitando na medida em que o pôde as decisões liminares e reduzindo severamente os casos de cabimento de execução provisória"[266]

A adoção, como regra, do efeito suspensivo da apelação acarreta a impossibilidade de produção dos efeitos da sentença e, com isso, impede a efetiva realização do direito material, mesmo que provisoriamente, representando, com efeito, reminiscência de uma estrutura arcaica na compreensão das atuais exigências sociais, cuja sociedade é de massa. Princípios jurídicos do tipo *pacta sunt servanda* cedem espaço, na atualidade, a uma exegese diferenciada do Judiciário, com arrimo nas novas necessidades da sociedade de massa. A vontade das pessoas é examinada frente a outros critérios de natureza econômica, financeira, social e psicológica, sempre almejando a igualdade material, não apenas

---

[266] Ovídio A. B. da Silva, *Curso de Processo...*, op. cit., pp.103-104.

formal, da população, porque, como já se disse alhures, devemos tratar desigualmente os desiguais.

A partir de um rol elaborado pelo Prof. Barbosa Moreira a respeito das hipóteses em que o recurso de apelação não tem efeito suspensivo, formulamos o nosso, incluindo toda a legislação advinda posteriormente. Assim, não tem efeito suspensivo a apelação interposta da sentença que: a) homologar a divisão ou a demarcação; b) condenar à prestação de alimentos[267]; c) julgar a liquidação de sentença[268]; d) decidir o processo cautelar; e) rejeitar liminarmente embargos à execução[269] ou julgá-los improcedentes (art. 520, 2ª parte, CPC); f) decretar a interdição (art. 1184, CPC). Também o recurso de apelação é recebido no efeito apenas devolutivo nas sentenças proferidas nas seguintes ações: que envolvam relações locatícias (art. 58, V, da Lei 8.245/91) [270]; nas

---

[267] "Deve ser recebida em ambos os efeitos apelação contra sentença que declara a paternidade e condena a alimentos. Não existindo a urgência na exigibilidade do crédito, porque se trata de prestações vencidas há muito tempo, nem quase-certeza, porque pendente recurso contra investigatória, concede-se segurança para suspender a execução" (RJTJRGS 175/312).

[268] "Há apuração de haveres de sócio retirante, após dissolução parcial da sociedade mercantil. O procedimento não se confunde com liquidação de sentença, seja quanto ao rito, seja quanto aos objetivos; a ele não se aplica, pois, o disposto no art. 520, III, do CPC, e à apelação da correspondente sentença atribui-se duplo efeito" (RJTJRGS 146/167).

[269] Nesse sentido: Revista do Superior Tribunal de Justiça 63/415; Julgados TARGS 93/160. "Somente os casos taxativamente previstos nos incisos I a V do art. 520 do CPC permitem o recebimento do recurso no seu efeito devolutivo, tão-somente, inviável qualquer ampliação, fato que contraria a regra geral. E o inciso V do art. 520 do CPC refere-se à sentença que julgar improcedentes os embargos opostos à execução, isto é, embargos do devedor, inconfundíveis com os embargos à arrematação" (RT 713/152). Em conformidade com este último entendimento: Julgados TARGS 88/200.

[270] Nesse sentido, jurisprudência do Superior Tribunal de Justiça, publicada na Revista do Superior Tribunal de Justiça 53/288, com a seguinte ementa: "Locação. Retomada. Apelação. Efeito suspensivo. Lei 8.245/91 (arts. 58, V e 76). Processo em curso. Conquanto, por princípio, tenham aplicação imediata as normas processuais, tal não se dá quando a própria lei for expressa sobre excepcionar os processos então em curso no seu advento". Já o Tribunal de Alçada do Rio Grande do Sul, Julgados TARGS 91/68, tem o seguinte entendimento: "Independentemente de ingressar na questão da inconstitucionalidade do art. 58, VI, da Lei 8.245/91, merece ser deferido o

hipóteses dos arts. 97, § 1º, e 98, § 3º, do Decreto-Lei nº 7.661, de 21.6.45 (Lei de Falências); que cancela a naturalização de estrangeiros, art. 33 da Lei 818, de 18.9.1949; que concede o pedido de assistência judiciária, art. 17, da Lei nº 1.060, de 5.02.50, que julga procedente a ação de busca e apreensão relativa a bem adquirido fiduciariamente, art. 3º, § 5º, do Decreto-Lei nº 911, de 1º.10.69; que dispõe sobre o estabelecimento de armazéns gerais, art. 27, § 2º, 7ª alínea, do Decreto 1.102, de 21.11.03; que examina o pedido de pagamento de renda e indenização pelo titular de autorização de pesquisa ao proprietário do solo, art. 27, inciso IX, Decreto-Lei nº 227, de 28.02.67; o art. 1º, § 1º, da Lei nº 1.207, de 25.10.59; de isenção de tributos dos templos de qualquer culto, bens e serviços de partidos políticos, instituições de educação e de assistência social, art. 4º da Lei nº 3.193, de 4.7.57; que trata da ação de busca e apreensão de impressos, art. 61, § 5º, da Lei nº 5.250, de 9.2.67; que tratam dos benefícios da Previdência Social, art. 130 da Lei nº 8.213, de 24.7.91[271]; de mandado de segurança com sentença de procedência, exceto quando se tratar de sentença que tenha determinado a reclassificação ou equiparação de servidores públicos, ou a concessão de aumento ou extensão de vantagens, bem como a outorga ou adição de vencimento, ou a reclassificação funcional, em decorrência do disposto no parágrafo único do art. 5º e art. 7º, respectivamente, da Lei nº 4.348, de 26.6.64, com funda-

---

efeito suspensivo à apelação interposta em ação de despejo cumulada com cobrança de aluguéis. Isso porque, a uma, a ação de cobrança não é regulada pela citada lei e sim pelo CPC, que contempla como regra o efeito suspensivo das apelações". Ainda sobre esse tema: Julgados TARGS 86/173; Revista do Superior Tribunal de Justiça 60/190.

[271] O Pleno do STF, em sessão de 6.10.94, referendou a liminar concedida pelo Min. Octávio Gallotti, suspendendo a execução das expressões "cumprindo-se, desde logo, a decisão ou sentença, através de processo suplementar ou carta de sentença" DJU de 14.10.94, seção, p. 27.596. No sentido de ser recebida apenas com efeito devolutivo a apelação prevista no art. 130 da Lei 8.213/91: Revista do Superior Tribunal de Justiça 71/158; RT 713/180; RT 700/131.

mento no parágrafo único do art.12 da Lei nº 1.533, de 31.12.51; que correm perante a Justiça da Infância e da Juventude, exceto quando se tratar de adoção feita por estrangeiro, ou quando, a critério do magistrado, houver perigo de dano irreparável ou de difícil reparação, art.198, inciso VI, da Lei nº 8.069, de 13.7.90; discriminatória, art. 21, da Lei nº 6.383, de 7.12.76; que foi proposta perante o Juizado Especial Cível, podendo, entretanto, o juiz atribuir efeito suspensivo, a fim de evitar dano irreparável à parte, art. 43, da Lei nº 9.099, de 26.9.95; em que se decretar a medida cautelar fiscal, exceto se o demandado oferecer garantias, art. 17, da Lei nº 8.397, de 6.1.92; de desapropriação de imóvel rural, por interesse social, para fins de reforma agrária, quando a apelação for interposta pelo expropriado, art. 13, da Lei Complementar nº 76, de 6.7.93.

Recebida a apelação no efeito suspensivo, é vedado praticar-se qualquer ato no processo, uma vez que o mesmo fica suspenso até o trânsito em julgado da decisão sobre o apelo. Havendo imperiosa necessidade, pode o juiz ordenar qualquer providência de caráter urgente para a conservação da coisa, bem como é permitido, a qualquer das partes, propor ação cautelar visando a assegurar o resultado do processo de conhecimento ou de execução, desde que estejam presentes os requisitos da lei.

De lege ferenda, melhor andaria o legislador se afastasse da apelação o efeito suspensivo, como regra. A prática tem mostrado que a suspensão da eficácia da sentença só vem em descrédito da atividade jurisdicional, como um todo.

Embora o sistema recursal brasileiro tenha por tradição abonar o efeito suspensivo à apelação, não há, segundo pensamos, nenhuma razão científica para que haja essa persistência. Ao revés, a regra deveria ser exatamente aquela em que o efeito suspensivo fosse a exceção. Vários são os motivos. Não há garantias que o julgamento proferido pelo órgão revisional seja melhor do que o patrocinado pelo magistrado *a quo*. Ademais, é necessário, sob o ponto de vista da doutrina processual, compreender que a suspensão dos efeitos da sentença conduz a um processo sem efetividade. Também é necessário reconhecer que a suspensividade do recurso de apelação gera um descrédito nos pronunciamentos do juiz, pois a simples demonstração de inconformidade com a sentença tem o condão de impedir que o seu conteúdo se materialize. Em outra visão, é forçoso se afirmar que esse desprestígio da sentença faz surgir a idéia de que o juízo monocrático representaria um *iter* desnecessário e inútil no processo, pois o que é definitivo e melhor seria o julgamento proferido pelo órgão revisor, geralmente colegiado, o que nem sempre é exato.

Não resta dúvida de que o legislador brasileiro perdeu um bom momento para proceder às alterações aqui propostas, nos recentes projetos de lei que se converteram no que se denominou de "Reforma do Código de Processo Civil", sob a direção do Ministro Sálvio de Figueiredo Teixeira. Prevaleceu, porém, a ideologia processual ainda vigorante, no sentido de preservar e proteger "os direitos do réu". A mantença da suspensividade do efeito do recurso de apelação, como regra indeclinável, é prova inequívoca de que ainda não se atingiu a almejada efetividade do processo. Aliás, é deveras interessante essa postura do legislador, pois se de um lado afasta certas mazelas processuais (à medida em que, por exemplo, valoriza a verossimilhança (art. 273, CPC)[272], a concessão de tutela específica nas obrigações de fazer ou não fazer (art. 461, CPC), a possibilidade da adoção de medidas assecuratórias no processo de

---

[272] Este é, também, o pensamento do Prof. Sérgio Gilberto Porto, *in*: Recursos: reforma e ideologia, publicado na Coletânea *Inovações do Código de Processo Civil*, organizada por José Carlos Teixeira Giorgis, Porto Alegre, Livraria do Advogado, 1996, pp. 108 e ss.

conhecimento (§ 5º, art. 461, CPC), de outro mantém, com todas as letras, a suspensividade, em geral, dos efeitos da sentença diante de um recurso de apelação.

Atribuir maior celeridade à demanda seria permitir a execução provisória do julgado, de forma geral, pois com esse procedimento os recursos protelatórios e repetitivos deixariam de produzir o desconforto processual até aqui presente.

4.4.1. Efeito suspensivo e apelação parcial

Existem dúvidas acerca da extensão do efeito suspensivo da apelação parcial interposta contra a sentença. Em outras palavras, o efeito suspensivo atingiria toda a sentença, no caso de a apelação impugnar apenas um de seus capítulos, impedindo, destarte, a execução provisória do ponto que não foi objeto da apelação, ou apenas o ponto da decisão que se atacou, por intermédio da apelação, estaria com sua eficácia suspensa até que fosse o recurso julgado pelo juízo *ad quem*?

Cremos que o efeito suspensivo da apelação não atinge o capítulo ou ponto da sentença que não foi objeto de inconformidade, porque os mesmos, neste caso, teriam precluído, transitado em julgado. Entendemos ser, nesta hipótese, possível a execução, com caráter de definitividade, do capítulo ou ponto, desde que sejam atendidas algumas condições: a) separação em capítulos da decisão; b) autonomia entre a parte da decisão que se pretenda cumprir e a parte objeto da irresignação[273].

Exemplifiquemos: Tício move ação de indenização contra Caio, pleiteando a condenação deste a pagar 200, a título de danos morais, e 300, a título de lucros cessantes. A sentença acolheu *in totum* o pedido. Há

---
[273] No sentido do texto, é a lição de Nelson Nery Júnior, *Princípios Fundamentais...*, op. cit., p. 214.

apelação de Caio, pretendendo excluir da condenação tão-somente a parcela relativa aos lucros cessantes. Com efeito, os capítulos (danos morais e lucros cessantes) são passíveis de separação, existindo entre eles autonomia, de modo que a parte que se quer executar (danos morais) e a parte objeto da inconformidade (lucros cessantes) são independentes. Se a parte demandada, porém, apelasse propugnando a improcedência da ação, não haveria possibilidade para a execução da verba honorária, pois esta não é parcela autônoma da condenação.

Nelson Nery Júnior aventa a seguinte hipótese: ação movida contra a Fazenda Pública por vários funcionários que pretendem benefícios diversos. Havendo apelação de um deles sobre a parte da sentença que julgou sua pretensão, os demais litisconsortes que não apelaram podem executar, de pronto, a decisão, pois, em relação a eles, transita em julgado esta, sendo que seus interesses não são coincidentes com os do co-autor que apelou (art. 509, CPC)[274].

Então, havendo apelação apenas de um dos litisconsortes, só é admissível a execução definitiva se o litisconsórcio não for unitário ou se os interesses deles forem contrapostos (art. 509, CPC).

4.4.2. Do efeito da apelação interposta contra sentenças que julgam ações conexas

Problema que merece uma palavra diz respeito ao apelamento manejado contra a sentença que julga as denominadas ações conexas, para as quais a lei processual fixa um regime recursal diferente, no que concerne aos efeitos em que se deva receber o recurso. Por exemplo: a) ação de divórcio e alimentos; b) ação princi-

---
[274] Ibidem, p. 215.

pal e reconvenção; c) ação principal, ação declaratória incidental e reconvenção, etc.

Em nosso pensamento, interposta a apelação, nestas circunstâncias, deve o magistrado atribuir o efeito suspensivo à parte da sentença que o permitir, e dar o efeito devolutivo ao ponto da decisão que, por lei, deva recebê-lo. Com isso, não ousamos proclamar que, para efeitos de reconhecimento do recurso cabível, haja a possibilidade de divisão da sentença por capítulos[275], o que poderá ocorrer em se tratando dos efeitos do recurso. Em ação de separação judicial cumulada com ação de alimentos, a sentença que decidi-las poderá ser guerreada por meio do recurso de apelação, atribuindo-se-lhe o efeito suspensivo, no capítulo referente à separação judicial, e, no ponto pertinente aos alimentos, apenas o efeito devolutivo. Assim, também em relação à ação principal e à ação cautelar[276], desde que a apelação interposta contra a sentença proferida na ação principal seja recebida no efeito suspensivo.

4.4.3. A antecipação da tutela e o efeito suspensivo da apelação

Dentro das reformas parciais do Código de Processo Civil, a Lei nº 8.952, de 13 de dezembro de 1994, trouxe importante inovação no processo de conhecimento, modificando o texto do art. 273. Consistiu essa mudança

---

[275] Quando tratamos dos pressuposto de admissibilidade do recurso de apelação, tecemos considerações sobre o seu cabimento, no item nº 3.2.1, assentando o ensinamento de que, para fins de recurso, a decisão é incindível, ou seja: se acaso o juiz, ao proferir a sentença, resolve uma questão incidente, como por exemplo, a impugnação ao valor da causa, não é necessário que a parte interponha, simultaneamente, apelação, no que tange ao mérito e agravo de instrumento, em relação ao incidente. Só existe, nesta hipótese, apenas a sentença, cuja apelação deve, se for o caso, atacar não só o mérito como também a questão incidente. Assim, também é o magistério do prof. Nelson Nery Júnior, *Princípios Fundamentais* ...,op. cit., p. 218.

[276] Essa é a opinião de Galeno Lacerda, *Comentários*..., nº 57, p. 337.

na introdução da "antecipação da tutela", conhecida por alguns como "tutela antecipatória", e por outros como "antecipação dos efeitos da tutela pretendida"[277]. O exame do disposto no art. 273 nos faz concluir da existência de duas espécies de antecipação da tutela: a primeira, com arrimo no inciso I, tutela antecipatória urgente, verdadeira tutela satisfativa do direito afirmado, mas de feição provisória; a segunda, antecipação de tutela de caráter não-urgente, com base no inciso II, na qual não se exige o requisito do "perigo de dano irreparável ou de difícil reparação", na dicção legal, mas cujo requisito é o "abuso de direito de defesa" ou o "manifesto propósito protelatório do réu", presente, evidentemente, em qualquer dos dois casos, a provável existência do direito alegado e objeto da liça.

Parece induvidoso que a segunda hipótese é mais propícia de ocorrer no momento em que a sentença é proferida, ou quando se está processando a apelação, mas antes de ela chegar ao *juízo ad quem*, pois, nesses momentos, podemos aferir, com maior grau de precisão, se nos defrontamos com o abuso do direito de defesa ou propósito protelatório[278]. Assim, poderia o magistrado,

---

[277] Carlos Alberto Álvaro de Oliveira, *Alcance e Natureza da Tutela Antecipatória*. Revista Ajuris, nº 66, Porto Alegre, p. 202.

[278] No mesmo sentido do texto é a lição de Carlos Alberto Álvaro de Oliveira, *Alcance e Natureza...*, op. cit. p. 204. Nelson Nery Júnior, *Atualidades...*, op. cit., p. 76, entende que é inadmissível, após a sentença, a concessão de antecipação da tutela, mas apenas "a execução dos efeitos" da mesma sentença. Pensa ser aceitável o pedido de antecipação da tutela, como força de execução provisória. Ousamos, no particular, dissentir do eminente mestre. De efeito, vemos duas decisões diferentes, cada qual com o seus próprios suportes fático e jurídico. Não há, *concessa venia*, incompatibilidade em se obter a tutela antecipada, em razão da defesa da efetividade do processo frente ao abuso do direito de defesa ou ao manifesto objetivo protelatório, após a sentença definitiva em favor de quem pede e obtém, *a posteriori*, a tutela antecipada dos efeitos da sentença, ainda não transitada em julgado. É bem possível que o réu apele da sentença que lhe foi desfavorável apenas para retardar o cumprimento da decisão. Ora, se essa apelação for recebida no efeito suspensivo (a regra, no direito brasileiro, é no sentido de que a apelação é sempre admitida no efeito suspensivo, como se extrai da leitura da primeira parte do art. 520), não existirá a menor

a pedido do autor, antecipar os efeitos da sentença já proferida, em decisão diversa, porém de carácter interlocutório. A interposição do recurso de apelação com efeito suspensivo, nessa hipótese, suspenderia a eficácia da decisão antecipatória da tutela? Pensamos que não. No plano estritamente jurídico, o efeito suspensivo da apelação interposta impediu que se produzissem os efeitos da sentença, mas esse efeito, por certo, não se reflete na decisão que houve por bem antecipar a tutela pretendida, pois são manifestações de cunho decisório diferentes. Na sentença definitiva, isto é, aquela em que se compõe o conflito de interesses, o magistrado realiza o acertamento do direito controvertido; estabelece um juízo de certeza acerca da relação jurídica articulada. Na decisão que antecipa os efeitos desse acertamento face ao abuso do direito de defesa ou patente propósito protelatório, mesmo depois de prolatada a sentença definitiva do processo de conhecimento, o juízo de probabilidade da existência do direito afirmado, no plano objetivo, é de maior intensidade e tem por fim afastar todos os inconvenientes da longa tramitação processual, aliada à deslealdade processual da parte. Observe-se, por fim, que os motivos da sentença de mérito e decisão antecipatória da tutela são diversos, como é curial, mesmo naquela prolatada em momento seguinte à sentença definitiva.

Assim, também, pensa Teori Albino Zavascki, dizendo ser:

---

possibilidade de execução provisória do julgado. Eventual reconhecimento de litigância de má-fé, por decisão do juízo de apelação, não tem o condão de levar à execução do julgado. Apenas se sanciona, com a condenação ao pagamento de uma indenização, o litigante desleal. Como é cediço, em sede doutrinária, a natureza jurídica dos institutos é completamente diferente e cada qual tem a sua finalidade. Seguramente, em muitos casos, a indenização por litigância de má-fé não é resposta satisfatória ao retardamento na obtenção do bem da vida pelo vitorioso, em razão do abuso do direito de defesa ou do manifesto caráter protelatório do agir do vencido.

"legítima a antecipação da tutela nos casos focados, e mais: confirmada pela sentença a procedência da tutela já antecipada provisoriamente, o eventual recurso de apelação não poderá ter efeito suspensivo, porque isso é absolutamente incompatível com o sistema agora adotado. Em outras palavras, o art. 520 do Código de Processo Civil contém, por força do sistema, um inciso implícito, que bem poderia ter a seguinte redação '...será (...) recebida só no efeito devolutivo (a apelação) quando interposta de sentença que: ... VI - julgar procedente o pedido de tutela já antecipada no processo.'" [279]

Mais adiante enfatiza, tratando da revogação da decisão antecipatória dos efeitos da sentença, que:

"Porém, quando ocorrer, a eficácia revogatória será imediata, pois o recurso de agravo (de instrumento) não terá efeito suspensivo. O mesmo se dará se a revogação provier - expressa ou implicitamente - da sentença que extinguir o processo sem exame de mérito, ou que julgar improcedente o pedido. Aqui, o recurso de apelação, mesmo com efeito suspensivo, não terá, por si só, o condão de suspender a revogação. A situação, na hipótese, é semelhante à da revogação, por sentença, das liminares concedidas em mandado de segurança (Súmula 405 do STF) ou em ação cautelar."[280]

Inovação introduzida na legislação instrumental brasileira pela Lei nº 9.139, de 30 de novembro de 1995, dando nova redação ao parágrafo único do art. 558, diz respeito à possibilidade de decisão monocrática, no

---

[279] *In* "Antecipação da tutela e colisão de direitos fundamentais", compondo a coletânea "Reforma do Código de Processo Civil", São Paulo: Saraiva, 1996, p. 154.

[280] Ibidem, p. 164. O grifo é do original. Também pensa, no mesmo sentido, J. J. Calmon de Passos, *Da antecipação da tutela*, publicado na coletânea "Reforma do Código de Processo Civil", op. cit., p. 207.

juízo de apelação, da lavra do relator consistente em atribuir efeito suspensivo à apelação que é desprovida de tal efeito.

Tendo o juiz *a quo* deferido pedido de tutela antecipada em favor de uma das partes e, posteriormente, acolhido a pretensão de direito material deduzida por essa mesma parte, o eventual efeito suspensivo acrescentado à apelação desprovida desse efeito, com suporte no parágrafo único do art. 558, tem o condão de impedir a produção de eficácia da sentença, mas não se reflete na decisão antecipatória da tutela, que permanece produzindo os seus efeitos normais. Se a parte desejar fazer cessar os efeitos da decisão provisória satisfativa, deverá manejar o recurso de agravo de instrumento, embora se sustente que não há efeito suspensivo no agravo, na hipótese[281].

4.4.4. O parágrafo único do art. 558, CPC, e a Apelação

Como já se disse, o relator do recurso de apelação pode, a requerimento do interessado, atribuir efeito suspensivo à irresignação, com fundamento no parágrafo único do art. 558 do CPC, nas hipóteses contempladas no art.520. Mais precisamente: à apelação poderá ser agregado o efeito suspensivo pelo relator quando interposta de sentença que homologar a divisão ou a demarcação; condenar à prestação de alimentos; julgar a liquidação de sentença; decidir o processo cautelar; e, finalmente, rejeitar liminarmente os embargos à execução ou julgá-los improcedentes. A regra é aplicável, como é curial, à legislação especial que trata do recurso de apelação, como, por exemplo, lei do inquilinato, lei de falências etc.

---
[281] J. J. Calmon de Passos, op. cit., p. 207.

A atribuição do efeito suspensivo é ato privativo do relator (mais corretamente, do futuro relator do apelamento), pois o magistrado *a quo* já não tem mais jurisdição, segundo preceitua o art. 463, CPC. Essa seria a solução cientificamente correta. Alguns segmentos da doutrina, porém, pensam que é possível, sem macular o sistema recursal vigente, atribuir ao juízo *a quo*, uma vez instado, exame do pedido formulado pelo apelante no sentido de agregar efeito suspensivo[282]. A adoção de tal providência levaria, à primeira vista, a uma prestação jurisdicional mais célere, sem maiores delongas.

Pensamos que, embora a solução apontada fosse, num primeiro momento, a melhor, ela mostra-se, na prática, pouco razoável. Vejamos: a decisão do juiz *a quo*, deferindo ou não o pedido, é interlocutória, devendo ser atacada exclusivamente por meio de agravo retido, na forma do § 4º do art. 523 do CPC: "Será sempre retido o agravo das decisões posteriores à sentença, salvo caso de inadmissão da apelação".

Com efeito, como se vê, não há nenhum sentido prático para o recorrente, pois o pedido tem exatamente fundamento na urgência em razão da possível lesão grave e de díficl reparação que a sentença, acaso executada provisoriamente, causaria ao direito do apelante. Na hipótese, o agravo retido não seria, sabidamente, a resposta processual satisfatória. A impetração de mandado de segurança, como alguns sugerem, também não é solução. Em primeiro, porque a decisão indeferitória do pedido não violaria, *a priori*, direito líquido e certo do recorrente[283]. Em segundo, o novo procedimento do

---

[282] Sustentando que o juízo *a quo* é o destinário da norma, Nelson Nery Júnior, "Atualidades sobre o Processo Civil ...", op. cit., p. 193. Em sentido contrário, Sérgio Bermudes, *in* "A reforma do Código de Processo Civil", São Paulo: Saraiva, 2ª ed., 1996, p. 125, sustentando que enquanto tramita no juízo *a quo* a apelação, o recorrente deverá requerer ao órgão revisional a suspensão da sentença.

[283] Consignamos que, em princípio, não haveria maltrato a direito líquido e certo. É claro que poderia ocorrer se, por exemplo, o magistrado não fundamentasse, *quantis satis*, a sua decisão.

agravo tem a finalidade de afastar, plenamente, o uso, em muitos casos, indevido, do mandado de segurança como sucedâneo recursal.

A aplicação da regra em comento exige a concorrência dos seguintes requisitos: a) que o recurso de apelação já tenha sido interposto pelo prejudicado; b) que o cumprimento provisório da sentença resulte, na palavra da lei, "lesão grave e de difícil reparação" e c) relevância da fundamentação da irresignação.

Há de estar presente, de efeito, o *periculum in mora* (se o cumprimento da decisão apelada puder trazer perigo de dano irreparável à parte) e *fumus boni iuris* (se o fundamento do apelo for relevante). Portanto, presentes os requisitos, o relator deverá atribuir efeito suspensivo à apelação.

4.5. Do efeito expansivo

Entende-se por efeito expansivo o resultado obtido no julgamento do apelo a ensejar decisão de maior conteúdo da que constante da impugnação. A matéria impugnada, como é cediço, é o mérito do recurso. Normalmente, o objeto do exame pelo juízo da apelação cinge-se à extensão proposta na petição recursal, em virtude do efeito devolutivo, manifestação do princípio dispositivo, como é natural.

O efeito expansivo pode ser objetivo ou subjetivo, interno ou externo. Há efeito expansivo objetivo quando a extensão dos efeitos do julgamento afeta apenas o recorrente e o recorrido. Quando o efeito expansivo é subjetivo, a sua extensão, em relação ao julgamento do recurso, dá-se no plano das partes ou interessados no processo. Ele é objetivo interno quando se espalha relativamente ao mesmo ato recorrido. Ele é, porém, objetivo externo quando o efeito do julgamento atinge outro(s) ato(s) processual(ais) que não foram objeto de inconformidade[284].

Exemplo de efeito expansivo objetivo interno consistiria no apreciar apelação esgrimida contra sentença definitiva, dando, destarte, provimento à irresignação, acolhendo exceção de coisa julgada. A decisão adotada, no que concerne à sentença, se estende a todo o ato, anulando-a, pois o procedimento teria se encerrado sem exame do mérito, na forma do art. 267, V, CPC. A sentença de mérito, quer tenha ou não acolhido o pedido, fica invalidada, desaparecendo do mundo jurídico qualquer eficácia que ela possa manifestar.

No que pertine ao efeito expansivo objetivo externo, o fenômeno também é de fácil compreensão. Verifica-se, *verbi gratia*, na seguinte situação: em ação de indenização movida por Tício contra Caio, o primeiro requer ao magistrado a execução provisória da sentença. Na hipótese de ser provido o recurso de apelação que fora recebido apenas no efeito devolutivo, todos os atos praticados ficam sem nenhum efeito, consoante determina o art. 588, III, CPC.[285]

O efeito expansivo subjetivo ocorre no seguinte exemplo: Tício move uma ação de cobrança contra Caio e Ulpiano, estes identificados na ação como devedores solidários. A sentença os condena a pagar, solidariamente, o que era pretendido pelo autor. Há apelo exclusivo de Caio, pretendendo o reconhecimento da improcedência do pedido. O juízo revisional provê integralmente a inconformidade. Os efeitos da declaração de improcedência do pedido atingem Ulpiano, de sorte que a decisão do juízo *ad quem* altera totalmente o resultado da

---

[284] Ver Nelson Nery Júnior, *Princípios Fundamentais* ..., op. cit., p. 230. Na primeira edição desta indispensável obra jurídico-processual civil, o mestre paulista não tratava dos efeitos translativo, expansivo e substitutivo. A importância do tema o levou a tratar do tema em capítulo específico, consoante se vê da observação formulada no prefácio da segunda edição.

[285] Nelson Nery Júnior"Princípios", 3ª, p.404.

contenda. Pela natureza da relação jurídica de direito material que mantinham Caio e Ulpiano, a decisão que favoreceu o apelante refletiu-se na posição daquele que não demonstrara nenhuma inconformidade com o julgado. Tem plena incidência, assim, o disposto no parágrafo único do art. 509, CPC.

Finalmente, uma palavra sobre o disposto no mencionado parágrafo único do art. 509 do CPC. Essa regra não altera a natureza jurídica do litisconsórcio simples em unitário. Apenas, como bem refere Nelson Nery Júnior, estabelece a exigência da extensão dos efeitos do recurso, pelo motivo da existência de solidariedade entre os litisconsortes[286].

4.6. Efeito substitutivo

Há efeito substitutivo da decisão quando o julgamento proferido pelo juízo *ad quem*, examinando o mérito da inconformidade: a) nega-lhe provimento (tanto no caso de alegação de *error in procedendo*, quanto por *error in judicando)*; b) dá provimento, na hipótese de *error in judicando*. Pelo art. 512 do CPC, a decisão do órgão *ad quem*, que examina o objeto da impugnação, ou seja, o mérito do recurso, substitui, na totalidade, a decisão hostilizada. Por isso, é inimaginável efeito substitutivo da apelação, quando ela não for conhecida.

Barbosa Moreira cogita do efeito substitutivo do recurso, apenas na hipótese de *errores in judicando*, pois não analisou o desprovimento do recurso, quando o que se alega é a ocorrência de erros no proceder. Pensamos que também ocorre o mencionado efeito, no caso de *errores in procedendo*, quando a nova decisão desprovê o recurso[287], pois se houver provimento do apelo a decisão

---
[286] Nelson Nery Júnior, *Princípios Fundamentais* ..., op. cit., p. 234.

[287] No mesmo sentido, é o ensinamento de Nelson Nery Júnior na obra tantas vezes citada: *Princípios Fundamentais*..., p. 240.

recorrida restará anulada, por via de conseqüência. Se foi anulada, não será substituída, como salta à vista. A substituição opera no plano total ou parcial. Aquela ocorre quando o apelo enfrenta toda a sentença, esta quando há limitação da impugnação ou quando ocorre o conhecimento de parte do recurso. O efeito substitutivo só se manifesta na parte conhecida e examinada do recurso. A parte que não sofreu impugnação ou não foi admitida pelo órgão julgador permanece incólume.

Capítulo V

5. Procedimento do recurso de apelação em segundo grau

5.1. Questões de fato novo não suscitadas por motivo de força maior

A regra geral adotada pela doutrina é sempre no sentido de que a atividade jurisdicional de primeiro grau se encerra com a sentença. Após proferida a decisão, é vedado inovar no processo, pois o juiz cumpre e acaba o ofício jurisdicional, admitindo-se apenas que o mesmo corrija erros e inexatidões materiais, ou acolha embargos de declaração, circunstância em que pode modificar a sentença. É o que prescreve o art. 463 do CPC. Excepcionalmente, em razão de legislação mais recente, vem-se permitindo que o juiz possa, desde que provocado, face ao manejo de um recurso, reexaminar o ato decisório, de sorte que, nessa hipótese, o órgão decisório ainda não se despiu de sua jurisdição, como normalmente sustenta a doutrina[288]. A regra do art. 517 confirma o princípio segundo o qual o magistrado não pode mais modificar a decisão que proferir, mesmo diante de fatos novos, não deduzidos por motivo de força maior. Merece especial atenção e análise, antes de qualquer consideração acerca do procedimento recursal instituído perante o juízo de apelação, a regra do art. 517 do Código de Processo Civil.

---

[288] O Estatuto da Infância e da Juventude disciplina neste sentido, por exemplo.

Com efeito, dispõe o mencionado dispositivo legal:
"Art. 517. As questões de fato não propostas no juízo inferior, poderão ser suscitadas na apelação se a parte provar que deixou de fazê-lo por motivo de força maior".

A lei processual, efetivamente, pode fixar que o juízo revisional tenha dupla finalidade: de um lado, o *novum iudicium*, que consiste exatamente na permissão do reexame da causa de maneira irrestrita; de outro, a apelação pode apenas ser instrumento de correção da sentença impugnada (*revisio prioris instantiae*). No primeiro sistema, como é curial, permite-se, de maneira mais ampla possível, que se articule perante o órgão recursal as questões não propostas no juízo *a quo*. No segundo, ficam preclusas as questões que não foram deduzidas perante o primeiro grau, de sorte que, ao se examinar a apelação, o juízo *ad quem* deve limitar-se a utilizar o material posto à sua disposição no juízo inferior.

Há alguns inconvenientes em qualquer dos dois sistemas. O primeiro, porque permite às partes a prática de deslealdade processual na medida em que deixariam de articular fatos relevantes para o deslinde da causa na fase postulatória, exatamente para que sobre eles não se travasse o contraditório e fossem mostrados, exclusivamente, no juízo *ad quem*. Ademais, a prevalência do *novum iudicium* desembocaria, em essência, em total desprestígio do juízo *a quo*. Apesar de todos esses graves inconvenientes, as algumas codificações processuais deram predomínio ao sistema do *novum iudicium*. A regra em comento optou por outra orientação, na mesma linha traçada no diploma legal anterior (art. 824, § 1º).

É princípio assente na doutrina que as partes deverão articular na fase postulatória os fatos que pretendem demonstrar na instrução do processo, ou seja, as questões de fato devem ser alegadas e provadas no juízo *a quo*. Se a parte, porém, não pode fazê-lo no momento oportuno, a lei processual, como exceção, permite que sejam suscitadas no processo de apelação, desde que demonstrada a ocorrência de força maior. Não se admite a alteração do pedido e a invocação de nova causa de pedir[289].

Não é razoável confundir o efeito devolutivo da apelação, mais corretamente, a transferência das questões cujo conhecimento é levado ao juízo superior, com a indicação daquelas que, sem passarem pelo crivo do exame do juízo *a quo*, integravam o objeto de toda a labuta cognitiva do órgão revisional[290].

Em conclusão, sob o ponto de vista processual, a regra em apreço complementa a função exercida pelos dispositivos pertinentes ao efeito devolutivo. É de se inferir, com efeito, que o art. 517 não se relaciona com quaisquer questões que pudessem ter sido examinadas pelo juízo *a quo*, mesmo que este não as haja realmente apreciado. Ficam, portanto, fora do ambiente de incidência da regra em pauta, as questões de direito, que poderiam ter apreciação a qualquer momento, em qualquer grau de jurisdição, e independentemente de alegação da parte, isto é, as questões sobre as quais o órgão inferior poderia se pronunciar de ofício e aquelas deduzidas por quem não era parte no processo, tal como o terceiro prejudicado. Ora, tendo este ingressado apenas no processo de apelação não poderia, por certo, haver suscitado qualquer questão perante o órgão *a quo*.

O recorrente ou o recorrido podem suscitar novas questões de fato, desde que tais questões não tivessem sido articuladas no processo, por motivo de força maior.

---

[289] No tocante à causa de pedir, a regra do art. 462 abre a possibilidade de sua alteração. Com efeito, a superveniência de novo fato constitutivo, modificativo ou extintivo do direito há de ser levada em linha de conta no julgamento da lide, quer no primeiro grau ou no grau revisional.

[290] Barbosa Moreira, *Comentários*..., op. cit., p. 509.

Vários são os fatos que podem caracterizar a força maior. Quando, por exemplo, o fato levado à consideração do órgão revisional ainda não acontecera, no último momento em que seria lícito deduzi-lo no processo, perante o juiz *a quo*. Também se caracteriza a força maior quando o fato já ocorrera, mas a parte interessada ainda dele não tinha conhecimento. É, por outro lado, motivo de força maior aquele no qual a parte já conhecera o fato, mas estava virtualmente impossibilitada, por circunstância estranha ao seu querer, de informar o seu patrono, para que este levasse à apreciação do magistrado. Finalmente, também, é caso de força maior quando ao próprio advogado fora impossível a alegação, no momento oportuno[291].

O momento processual adequado para a alegação do motivo de força maior é o da apresentação das razões do apelante ou do apelado. A prova do motivo de força maior deve acompanhar as razões, acaso seja esta exclusivamente documental. Se o motivo de força maior só for demonstrável por meio de testemunhas, o órgão *ad quem* deverá permitir que tal prova se realize, podendo o relator ouvir as testemunhas e, após, colocar o processo em pauta, para que o colegiado decida sobre a procedência ou não da alegação, de acordo com o art. 517 do CPC.

Admitida a força maior, é oportuno que se possibilite a instrução visando a demonstrá-lo. Como é natural, se fato alegado for provado documentalmente, o interessado juntará aos autos os documentos, e sobre estes deverá o adversário ser ouvido, em respeito ao princípio do contraditório. Se, ao revés, o fato só puder ser comprovado via prova oral, o juízo *ad quem* também permitirá a correspondente instrução. Nada impede, porém, que o órgão que julgará a apelação delegue competência ao juiz *a quo*, para que este pratique os atos

---
[291] Ibidem, *Comentários*..., p. 511.

instrutórios pertinentes, respeitados os princípios do contraditório e da ampla defesa. O órgão *ad quem* deverá fixar prazo para o cumprimento das diligências que determinar ao juízo *a quo*.

5.2. A decisão monocrática do relator que não conhece do recurso julga-o prejudicado ou contrário à súmula do respectivo Tribunal ou Tribunal Superior

Inovação importante, sobremodo por acentuados reflexos empíricos, foi a introduzida no art. 557, do CPC, permitindo ao relator um juízo de não-conhecimento do recurso, o seu improvimento, a declaração de perda de objeto (prejudicado) ou a contrariedade à súmula do próprio Tribunal que integra ou de Tribunal superior. Fala-se em inovação, pois a regra em apreço, com a redação que lhe deu a Lei nº 9.139 de 30 de novembro de 1995, estendeu a medida a todos os recursos, não mais a limitando ao agravo de instrumento. Pela antiga redação do art. 557 previa-se a hipótese de o relator improver o agravo de instrumento, sendo ele manifestamente infundado. O relator do agravo de instrumento, por certo, inobstante o silêncio legislativo, também poderia não conhecê-lo. A velha regra de que quem pode o mais (proferir juízo de mérito acerca do recurso), pode o menos (emitir juízo de admissibilidade do recurso), tem inteira incidência, na espécie.

Passaremos, agora, a examinar as quatro hipóteses acima referidas.

O relator pode não conhecer do recurso por considerá-lo inadmissível. Trata-se, evidentemente, de situação na qual o relator do processo examina, exaustivamente, se estão presentes os pressupostos de admissibilidade do recurso interposto. À falta de um, o relator profere um juízo negativo de admissibilidade, impedindo, destarte, que se proceda ao exame do mérito propriamente dito da apelação. A regra descongestiona os órgãos colegiados, pois eventuais apelações manifestamente inadmissíveis obtém, de pronto, a resposta jurisdicional, com economia de tempo e de dinheiro. Contribui-se, assim, para a efetividade do processo. A permissão de interposição de agravo contra a decisão monocrática do relator, na situação vertente, obvia qualquer inconveniente que surja, pois poderá ocorrer o julgamento da questão relativa aos pressupostos de admissibilidade, desta feita, pelo órgão colegiado.

A segunda hipótese envolve o improvimento do recurso. A regra legal, todavia, utiliza a equivocada expressão "improcedente", adjetivando o recurso para exigir que ele o seja "manifestamente" tal. Então, o relator somente poderá julgar o recurso se ele for "manifestamente" infundado, ou seja, se com clareza a sua improcedência for evidente. Qualquer dúvida, por menor que seja, tolhe o juiz do recurso de decidi-lo singularmente. Não lhe concedeu a lei a prerrogativa de prover o recurso, mesmo que, no seu entendimento, haja patente procedência na irresignação. A intenção do legislador foi simplificar o julgamento de recurso que tem por fito, exclusivamente, procrastinar o andamento do processo.

A terceira situação, na qual o relator do recurso pode proferir decisão singular, diz respeito à situação de prejudicialidade manifesta da inconformidade. O recurso torna-se prejudicado em várias situações: o reconhecimento jurídico do pedido formulado pelo réu em ato posterior à interposição da irresignação e anterior ao seu julgamento, envolvendo aquele, matéria deduzida nesta; a transação posterior que abrange o objeto do recurso e a renúncia do autor ao direito em que se funda a ação.

Não se enquadra na regra em comento a hipótese de prejudicialidade, advinda do provimento do recurso interposto pelo adversário. Como já se disse, o relator não tem competência para proferir juízo de procedência no mérito recursal. Logo, jamais o magistrado *ad quem* poderá considerar prejudicada, por exemplo, uma apelação, em decisão singular, face ao provimento de outra. O acolhimento de um recurso é ato privativo, pelo menos na atual sistemática, do órgão colegiado. Finalmente, a hipótese derradeira revela inusitada prática, em sede de recursos ordinários. A possibilidade de o relator julgar, de plano, o apelo, improvendo-o, desde que o recurso seja contrário à súmula do respectivo Tribunal ou Tribunal superior. O texto da lei, por primeiro, é absolutamente equivocado, pois a alocução "negará seguimento" está mal empregada. Efetivamente, negar seguimento a recurso quer dizer proclamar um juízo negativo de admissibilidade. Verdadeiramente, quando o relator aprecia um recurso contrário à jurisprudência majoritária, consubstanciada em enunciado de súmula predominante num tribunal, examina propriamente o mérito da irresignação, isto é, profere um juízo de mérito declarando-a infundada. Não nega seguimento ao recurso, como diz o texto da lei.

Pensamos que a regra em apreço seja de duvidosa constitucionalidade. Cria-se o efeito vinculante das súmulas que os Tribunais superiores estão a anunciar como o remédio para todos os males do sistema recursal[292]. O dispositivo em pauta vulnera o princípio da

---

[292] O eminente Professor Sérgio Gilberto Porto, *Recursos: reforma e ideologia*, publicado na coletânea "Inovações do Código de Processo Civil", p. 107, faz acerbadas críticas ao atual sistema recursal brasileiro. Afirma o douto professor que o legislador optou por um sistema processual para garantir os direitos do réu. No nosso sentir, a questão do processo é essencialmente política. Pouco, ou quase nada, se investe em estrutura material que permita a resolução rápida dos conflitos de interesses. Na maioria das Comarcas, por esse Brasil afora, as audiências são datilografadas em máquinas comuns, obsoletas. Por outro lado, por exemplo, basta observar as múltiplas funções exercidas pelos magistrados no exercício da jurisdição. No âmbito da Justiça Comum, nas comarcas do interior, o magistrado é clínico geral. Atua na jurisdição comum (cível e criminal), na Justiça Eleitoral, Infância e Juventude, Justiça Federal, Justiça do Trabalho e Direção do Foro, Juizados Especiais Cíveis e Criminais, etc. De efeito, com tais atribuições administrativas e jurisdicionais, é humanamente impossível tornar o processo cível efetivo e rápido. Seguramente, a criação de juízes togados, com jurisdição específica e

formação dos Tribunais, com bem anota José Carlos Teixeira Giorgis[293]. Além disso, oportuno lembrar que a regra concentra as decisões políticas, nos órgãos de cúpula do Poder Judiciário, impedindo, destarte, a liberdade de interpretação das leis pelos juízes singulares e pelos Tribunais inferiores, bem como afasta o julgamento pelo juízo, segundo o princípio do livre convencimento motivado do juízo natural[294]. Parece claro, por outro lado, que essa norma fere o princípio constitucional da legalidade, segundo o art. 5º, II, da Constituição Federal, pois ninguém é obrigado a fazer ou deixar de fazer alguma coisa, senão em virtude de lei.

5.3. Do procedimento apelatório propriamente dito no segundo grau

Como já foi dito, o recurso de apelação é dirigido ao juiz que prolatou a sentença impugnada. Ele faz, ao

competência restrita, afastando o juiz de direito de tarefas de menor relevância, contribuiria, em muito, para a solução mais rápida dos processos. Aliás, na nossa opinião, o sistema recursal do processo civil não é tão ruim quanto alguns eminentes professores e juristas apregoam. Exceto os embargos infringentes, de pouca utilidade prática, os demais recursos são absolutamente pertinentes e necessários. Simples modificações procedimentais têm comprovado que o sistema recursal brasileiro é, no mínimo, bom. Tomem-se como modelo as alterações introduzidas no agravo de instrumento que repercutiram, positivamente, no processo. Hoje é possível que, em pouco mais de trinta dias, tenhamos solução para o recurso interlocutório. As sugestões do prof. Sérgio Gilberto Porto indicadas na obra já citada, à p. 109, decerto reduziriam, em muito, o tempo do processo: modificações do tipo supressão do reexame necessário, eliminação de prazos beneficiados, etc. Na Justiça Federal, as prateleiras estão abarrotadas de pedidos de complementação de precatórios. Modifique-se a forma de execução contra o poder público e certamente o número de processos diminuirá, na Justiça. Para comprovar a postura procrastinatória nos processos que envolvem entes públicos, patrocinamos causa em que a União Federal interpôs recurso de apelação, de precatório complementar, cuja irresignação diz respeito a pouco mais de R$ 12,00.

[293] José Carlos Teixeira Giorgis, *Inovações do Código de Processo Civil*, Livraria do Advogado, 1996, p. 135.
[294] José Carlos Teixeira Giorgis, op. cit., p. 135.

receber a irresignação, um juízo de admissibilidade do apelo, examinando os seus pressupostos intrínsecos e extrínsecos. Se o juízo de admissibilidade for positivo, declarando o magistrado os efeitos que recebe a apelação (art. 518)[295], determinará que se abra "vista" ao adversário para apresentar, querendo, contra-razões, no prazo de quinze dias (art. 508 do CPC). Neste mesmo prazo, poderá ser interposto o denominado "recurso adesivo", na forma do art. 500. Formuladas as contra-razões ou sem elas, os autos retornam ao juiz, que poderá modificar a decisão positiva inicial da admissibilidade do recurso de apelação, independentemente de agravo ou provocação (parágrafo único do art. 518). Proferida decisão diversa da anterior, obstará o prosseguimento da apelação. Esta decisão é tipicamente interlocutória, desafiando agravo de instrumento[296]. Com a nova redação do artigo 518 e seu parágrafo único, resolveu-se antiga e acesa discussão doutrinária, segundo a qual questionava-se saber se o magistrado poderia ou não reconsiderar sua decisão, quando não agravada[297].

Aportando os autos ao juízo *ad quem*, o recurso é distribuído, segundo as regras definidas no art. 548, ou

---

[295] Se o juiz não declara em quais efeitos recebeu o recurso, esta omissão vinha sendo interpretada pela doutrina como o recebimento do apelo em ambos os efeitos. A sugestão do Min. Sálvio Teixeira parece ser a mais correta: o recurso é recebido nos termos da lei, uma vez que não depende de declaração judicial para ter eficácia, e a lei, por presunção, deve ser conhecida. Ver Sálvio F. Teixeira, *Código de Processo Civil Anotado*, São Paulo: Saraiva, 1996, p. 353.

[296] Por expressa disposição legal, o agravo de instrumento é o recurso cabível contra a decisão que inadmite a apelação, como se vê, *a contrario sensu*, do § 4º, art. 523, com a redação que lhe deu a Lei nº 9.139, de 30.11.1995.

[297] Sálvio de Figueiredo Teixeira, *Código de Processo Civil Anotado*, São Paulo: Saraiva, 1996, p. 353, reconhece a polêmica, dizendo que a doutrina majoritária, capitaneada por Pontes de Miranda, Sérgio Bermudes e Barbosa Moreira, inclinava-se no sentido de que o juiz do primeiro grau não podia reconsiderar sua decisão não agravada. Por outro lado, a jurisprudência era em sentido diverso (RE 90000-4-RS, DJ 14.12.79, e Resp. 6446-RJ, DJ de 18.12.91).

seja, de acordo com as normas que integram o regimento interno do Tribunal, norteadas pelos princípios da publicidade, da alternatividade e do sorteio.

Em seguida, o processo é concluso ao relator que, após estudá-lo, devolverá à secretaria da Câmara ou Turma, com o relatório do feito (art. 549). A secretaria encaminhará o processo, então, ao revisor, que será o juiz que se seguir na ordem de antigüidade ao relator. Examinando o revisor os autos, a ele compete pedir o aprazamento de dia para julgamento. O papel exercido pelo revisor, no processo, consiste em estudar o processo, conhecendo-o em toda a sua extensão e profundidade. Além disso, o trabalho do revisor não se restringe ao exame puro e simples dos autos, podendo, perfeitamente, se assim entender necessário, fazer um complemento ao relatório elaborado pelo juiz-relator.

A revisão, porém, em hipóteses de menor complexidade, é dispensada, como se observa do disposto no § 3º do art. 551 do CPC. Deste modo, nas causas que tramitam no procedimento sumário, de despejo e nos casos de indeferimento liminar da petição inicial, não há a figura do revisor. No plano estritamente científico, não existem motivos ou razões suficientes para a dispensa da revisão. Muito pelo contrário. O ato revisional mais se justifica nas questões de fato que são submetidas à Corte. Parece claro, por outro turno, que nos processos em que a matéria submetida ao reexame fosse exclusivamente de direito, não se justificaria a figura do revisor. A colocação prática desta sugestão é complexa, porque demandaria, por parte dos julgadores, uma decisão específica, no sentido de declarar que a matéria objeto do recurso era de fato ou de direito, ou de fato e de direito. Pensamos, portanto, que, *de lege ferenda*, se estabelecesse a revisão em todos os processos, como regra. Aliás, como diz o adágio popular: "Dois olhos vêem melhor do que um."

O presidente da Câmara ou da Turma aprazará dia para o julgamento, determinando a publicação da pauta no órgão oficial. Exige a lei que entre a data da publicação da pauta e a sessão de julgamento deva transcorrer, no mínimo, o prazo de quarenta e oito horas (§ 1º, art. 552, CPC)[298].

Na sessão de julgamento, o juiz que a preside mandará apregoar as partes e seus procuradores, concedendo, em ato contínuo, a palavra ao relator para proceder ao relatório do processo. Após, na hipótese de o processo exigir revisor, este complementará o relatório, se assim entender necessário.

O art. 554 do Código de Processo Civil refere que, após o relatório, o presidente, não sendo o recurso de embargos de declaração ou de agravo de instrumento, dará a palavra, sucessivamente, ao recorrente e ao recorrido, para sustentarem, oralmente, por quinze minutos, as razões do recurso. Trata-se da conhecida sustentação oral.

O Estatuto da Advocacia e a Ordem dos Advogados do Brasil, Lei nº 8.906, de 4 de julho de 1994, precisamente em seu art. 7º, dispõe sobre os direitos do advogado, destacando-se, dentre eles, o de "sustentar oralmente as razões de qualquer recurso ou processo, nas sessões de julgamento, após o voto do relator, em instância judicial ou administrativa, pelo prazo de 15 (quinze) minutos, salvo se prazo maior for concedido."

---

[298] "Processo civil. Intimação. Pauta de julgamento. Publicação. Prazo. Art. 522, § 1º, do CPC. É nulo o julgamento do processo no tribunal, quando não respeitado o prazo estabelecido no § 1º do art. 552, do Código de Processo Civil. Aplicabilidade da Súmula 310-STF, mesmo no caso do prazo contado em horas. Recurso especial conhecido e provido." (REsp 14-MS, Rel. Min. Waldemar Zveiter, DJU de 8.8.89 e RSTJ 2/596). O Superior Tribunal de Justiça reconheceu, por sua jurisprudência dominante, a nulidade do julgamento sem a presença das partes, quando haja inobservância do prazo de quarenta e oito (48) horas, entre a publicação de pauta e o julgamento do recurso, a teor do que diz o enunciado nº 117 da Jurisprudência Predominante do STJ.

A inovação introduzida pelo Estatuto dos Advogados era de real importância prática na defesa dos direitos do cliente por ocasião do julgamento de qualquer recurso, em especial do recurso de apelação. Lamentavelmente, o Supremo Tribunal Federal, em ação cautelar, suspendeu a eficácia do dispositivo legal em questão, até o julgamento definitivo da ação direta de inconstitucionalidade, motivo pelo qual continua em vigor o procedimento disciplinado no art. 554 do Código de Processo Civil. Diz-se lamentavelmente, porque a regra, cuja eficácia foi suspensa era de grande alcance prático. Efetivamente, o conhecimento prévio do voto do relator permitiria que a sustentação oral fosse dirigida no sentido de rebater os argumentos expendidos por ele. Ao depois, qualquer preliminar argüida de ofício pelo relator e julgada, tal como, por exemplo, relativa à falta de preparo ou de intempestividade do recurso, encontraria, no momento da sustentação, a possibilidade de ser redargüida. Por outro lado, os motivos que levaram à Corte Suprema a suspender a eficácia do dispositivo não têm o condão de pôr cobro à inconstitucionalidade, porque a regra não é de processo, mas de procedimento e, portanto, poderia ser incluída em lei que tratasse dos direitos do advogado. Espera-se que o Supremo Tribunal Federal reconheça a constitucionalidade da regra do inciso IX do art. 7º do Estatuto, pois falar após o voto do relator não é, *permissa venia*, inconstitucional, porque não viola nenhum princípio e tampouco qualquer regra da Constituição Federal.

    O julgamento do agravo de instrumento precederá ao da apelação. O mesmo ocorrerá quando a apelação e o agravo de instrumento forem julgados na mesma sessão (art. 559, CPC).

    A existência de qualquer preliminar suscitada pelas partes, por qualquer juiz ou pelo representante do Ministério Público, levará a Corte a julgá-la antes do mérito recursal. Há três espécies de preliminares: a) a do recurso, por exemplo, sobre a admissibilidade do mesmo, sobre a competência do Tribunal ; b) a do julgamento do mérito da causa, por exemplo, sobre o decreto de carência de ação, e, c) de mérito, sobre a prescrição ou decadência do direito.

Se o acolhimento de qualquer dos tipos de preliminar for incompatível com o julgamento do mérito do recurso, a ele não se procederá, na forma do art. 560, CPC. Porém, se a preliminar deduzida estiver relacionada com eventual nulidade suprível, o órgão julgador deverá converter o julgamento em diligência, a fim de ser sanado o vício, retornando o processo à Corte para o prosseguimento do exame do recurso.

Proferidos os votos, o presidente proclamará o resultado do julgamento, atribuindo a função de redator do acórdão ao próprio relator, se este não for vencido. Se o for, redigirá o aresto o juiz que proferiu o primeiro voto vencedor (art. 556, CPC). Qualquer juiz que tenha participado do julgamento poderá, antes da proclamação do resultado, alterar ou modificar o seu voto, justificando, todavia, o seu novo pronunciamento.

A Lei nº 8.950, de 13 de dezembro de 1994, alterou a redação do art. 563, CPC, para obrigar a elaboração de ementa, em qualquer acórdão. A sua falta não acarreta a nulidade do acórdão, constituindo-se em mera irregularidade.

Conclusões

Sintetizar as conclusões de uma dissertação é tarefa complexa, mas necessária para se estabelecer um itinerário seguro na utilização, dia a dia, do tema estudado. Não é apenas o cumprimento de regra pertinente a qualquer dissertação ou tese. Justifica-se, ainda mais, quando o tema abordado tem aplicação prática diária. Imperioso, destarte, contribuir para a solução das questões. Seguem abaixo as principais conclusões acerca do tema desenvolvido no livro, em razão de todo o exposto nas páginas precedentes:

1 - O instituto da apelação nasceu no âmbito da *cognitio extra ordinem*, segundo concluem os historiadores.

2 - Não maltrata o princípio do duplo grau de jurisdição o julgamento da apelação por um órgão que não se identifique como hierarquicamente superior àquele que proferiu a sentença. Também não é essencial à caracterização do duplo grau de jurisdição o julgamento do recurso de apelação por órgão diverso daquele que proclamou a sentença.

3 - Ademais, o sobredito princípio serve de anteparo a qualquer tentativa de restrição ao uso da apelação, na medida em que é indispensável, em qualquer país democrático, a possibilidade de reexame das decisões.

4 - A lei pode estabelecer o cabimento de outro recurso que não o de apelação contra as sentenças de

mérito, tal como ocorre, por exemplo, na hipótese do art. 34 da Lei 6.830/80, pois a adequação recursal é obra do legislador.

5 - No Direito Processual Civil brasileiro só é admissível denominar-se um remédio jurídico como recurso se não ensejar o surgimento de uma nova relação processual. Qualquer meio impugnativo que faça nascer uma nova relação processual corresponde a uma ação autônoma de impugnação.

6 - Conceituamos o recurso de apelação como o remédio jurídico posto à disposição das partes, do Ministério Público ou de um terceiro interessado, pela lei, a viabilizar, dentro da mesma relação jurídico-processual, o exame de uma possível anulação ou reforma da sentença que extingue o procedimento de primeiro grau, que tenha ou não resolvido o mérito.

7 - A sentença é, para os efeitos do sistema recursal brasileiro, o ato judicial que põe termo ao procedimento, com ou sem resolução do mérito da causa.

8 - Entende-se por juízo de admissibilidade do recurso de apelação o exame dos requisitos exigidos pela lei com o propósito de possibilitar ao juízo revisional a apreciação do objeto recursal. A sua vez, o objeto do apelamento coincide com o mérito do recurso.

9 - A decisão que admite o recurso de apelação pelo juiz *a quo* é interlocutória revogável, mas irrecorrível para o prejudicado por faltar-lhe o pressuposto do interesse.

10 - O princípio do recurso indiferente é compatível com o sistema recursal brasileiro e pode ser aplicado à apelação, desde que ocorra dúvida objetiva quanto ao recurso apropriado e haja tempestividade em face do recurso adequado.

11 - As partes, o Ministério Público e o terceiro prejudicado têm legitimidade para apelar. O advogado tem legitimidade ordinária para apelar da sentença no

ponto em que estabeleceu a honorária em razão da sucumbência, pois o faz defendendo direito próprio.

12 - Há interesse em apelar quando, com o uso do recurso, é possível obter-se uma situação mais favorável daquela que emerge da sentença, e a irresignação se mostra o único remédio processual apto a afastar o gravame.

13 - O Ministério Público, quer como fiscal da lei ou como parte, tem prazo em dobro para apelar, a teor do art. 188 do CPC. Justifica-se esse entendimento uma vez que o *parquet* atua na defesa dos interesses da coletividade.

14 - O Direito Processual Civil brasileiro não admite a apelação genérica, em razão da incidência do princípio *tantum devolutum quantum appellatum*. Se aceitássemos a apelação genérica, afastaríamos o princípio da dialeticidade, essencial a qualquer recurso.

15 - Inexistem motivos científicos a justificar a manutenção do preparo como pressuposto de admissibilidade do recurso de apelação. *De lege ferenda*, recomenda-se a seguinte redação ao art. 511 do CPC: "Art. 511. Nenhum recurso está sujeito ao pagamento de custas ou qualquer despesa para a sua interposição, inclusive porte de retorno."

O parágrafo único do mencionado dispositivo deveria ser expressamente revogado.

16 - O efeito devolutivo consiste na transferência da matéria impugnada ao órgão *ad quem*. O efeito devolutivo gera conseqüências, tais como : a) é vedado pedir na apelação o que não foi objeto de pretensão no juízo *a quo*; b) é inadmissível a formulação de outra *causa petendi*, exceto na hipótese do art. 321, *in fine*, do CPC; c) o órgão revisor reexamina apenas os pontos objeto da inconformidade e, finalmente, d) proíbe-se a *reformatio in peius*.

17 - O efeito translativo da apelação é a transferência ao órgão *ad quem* de matérias não incluídas na inconformidade, cujo exame é obrigatório por se tratar

de questões de ordem pública, apreciáveis *ex officio*, ou por não terem sido objeto de apreciação e julgamento pela sentença.

18 - O efeito suspensivo da apelação é a propriedade do recurso que leva ao adiamento da produção dos efeitos normais da sentença recorrida. Recomenda-se, *de lege ferenda*, que a apelação não tenha, como regra, o efeito suspensivo. Apenas em circunstâncias relevantes, e para evitar dano irreparável ao sucumbente, o juiz deverá agregar à apelação o efeito suspensivo. É conveniente que igual poder tenha o órgão revisional.

A redação do art. 520 passaria a ser a seguinte :

"Art. 520. A apelação será recebida somente no efeito devolutivo.

§ 1º. O juiz, a requerimento do apelante, deverá, nos casos dos quais possa resultar lesão grave e de difícil reparação, suspender o cumprimento da decisão até o pronunciamento da turma ou câmara.

§ 2º. Se o juiz indeferir a suspensão do cumprimento da sentença, a que alude o parágrafo anterior, o apelante poderá, no prazo de 10(dez) dias, requerer ao relator, por simples petição, acompanhada das provas que tiver, que agregue à apelação o efeito suspensivo, cuja decisão será irrecorrível."

19 - Na hipótese de litisconsórcio unitário, a apelação interposta por um deles impede a execução definitiva do julgado. Também o mesmo acontece se seus interesses forem opostos.

20 - O efeito expansivo da apelação é o resultado obtido no julgamento do recurso, pois enseja decisão de maior conteúdo daquela objeto da análise revisora. A expansão pode ser objetiva quando vinculada à matéria impugnada, de sorte que afeta apenas o apelante e o apelado. Subjetiva, quando atinge autor e/ou réu ou demais interessados no processo.

21 - O efeito substitutivo da apelação incide apenas no ponto ou pontos submetidos a julgamento pelo órgão *ad quem.*

22 - É inconfundível o efeito devolutivo da apelação com as questões que, sem serem examinadas na sentença, devam sê-lo no juízo recursal.

23 - As questões de fato, não propostas no juízo *a quo*, poderão ser suscitadas na apelação, desde que se comprove motivo de força maior. Essa regra, embora não se refira, no plano científico e legal, ao efeito devolutivo da apelação, complementa-o.

Bibliografia

ALVES, Cláudio Manoel. *A Apelação Adesiva*. In: Revista do Curso de Direito da Universidade Federal de Uberlândia. v. 13, fascículos 1 e 2, 1984.

ALVES, José Carlos Moreira. *Direito Romano*. V. I, Rio de Janeiro: Forense, 4 ed., 1978.

AMERICANO, Jorge. *Comentários ao Código do Processo Civil do Brasil*. v. 4, São Paulo: Saraiva, 1943.

ARRUDA ALVIM PINTO, Teresa Celina de. *Agravo de Instrumento*. São Paulo: RT, 1991.

——. *Dúvida Objetiva: Único Pressuposto para a Aplicação do Princípio da Fungibilidade*. In: Revista de Processo. v. 65, 1992.

ASSIS CORRÊA, Orlando de. *Os Recursos no CPC*. 3ª ed. Porto Alegre: Síntese.

AZEVEDO, Luiz Carlos de. *Origem e Introdução da Apelação no Direito Lusitano*. São Paulo, 1976.

BAPTISTA, Sônia Márcia Hase de Almeida. *Dos Embargos de Declaração*. São Paulo: Revista dos Tribunais, 1991.

BARBOSA MOREIRA, José Carlos. *Agravo Retido Posterior à Apelação*. v. 36, Revista Brasileira de Direito Processual, 1982.

——. *Repertório Enciclopédico do Direito Brasileiro*. Verbete "Recursos". v. XLV, Rio de Janeiro: Borsoi.

——. *Comentários ao Código de Processo Civil*. v. V, Rio de Janeiro: Forense, 3ª ed., 1978.

——. *Estudos sobre o Novo Código de Processo Civil*. Rio de Janeiro: Liber Juris, 1974.

——. *O Juízo de Admissibilidade no Sistema dos Recursos Civis*. In: Revista da Procuradoria-Geral do Estado da Guanabara, 1968.

——. *O Novo Processo Civil Brasileiro*. Rio de Janeiro: Forense, 11ª ed., 1991.

BARKER, Sir Ernest. *Teoria Política Grega*. Brasília: Universidade de Brasília, 2ª ed., 1978.

BASSIL, Nelson Godoy. *Direito Processual Civil*. v. 1, São Paulo: Nelpa Edições, 1993.

BECKER, Idel. *Pequena História da Civilização Ocidental*. São Paulo: Companhia Editora Nacional, 5ª ed., 1972.

BERMUDES, Sérgio. *A Reforma do Código de Processo Civil*. São Paulo: Saraiva, 2ª ed., 1996.

——. *Comentários ao Código de Processo Civil*. v. VII., São Paulo: Revista dos Tribunais, 2ª ed., 1977.

——. *Curso de Direito Processual Civil (Recursos)*. Rio de Janeiro: Borsoi, 1972.

BONUMÁ, João. *Direito Processual Civil*. v. III, São Paulo: Saraiva, 1946.

BORGES, Marcos Afonso. *Dos Recursos*. v. 1, Uberlândia: Revista Brasileira de Direito Processual, 1975.

BORTOWSKI, Marco Aurélio Moreira. *A Carga Probatória segundo a doutrina e o Código de Defesa do Consumidor*. In: Direito do Consumidor. v.7, 1993.

BUZAID, Alfredo. *Da Apelação Ex Officio*. São Paulo: Saraiva, 1951.

CARNEIRO, Athos Gusmão. *O Juízo Recursal e as Novas Questões de Fato*. v. 62, In: Revista da AJURIS, 1994.

——. *Jurisdição e Competência*. São Paulo: Saraiva, 1982.

CARNELUTTI, Francesco. *Appello Incedente dopo la Rinunzia AllAppello Incidentale*. In: Rivista di Diritto Processuale Civille. v.IV- Parte II, 1927.

CARVALHO SANTOS, J. M. de. *Código de Processo Civil Interpretado*. São Paulo: Freitas Bastos, 5ª ed., 1958.

CASTRO, Frei João José Pedreira de (O.F.M.). *Bíblia Sagrada*. Cap. XVIII, Versículos 18 a 22.

CHIOVENDA, Guiseppe. *Instituições de Direito Processual Civil*. v. III, São Paulo: Saraiva, 3ª ed., 1969.

COSTA, Agustin A. *El Recurso Ordinario de Apelación en el Proceso Civil*. Buenos Aires: Associación de Abogados de Buenos Aires, 1950.

COSTA, Alfredo de Araújo Lopes da. *Manual Elementar de Direito Processual Civil*. Rio de Janeiro: Forense, 1956.

COSTA CARVALHO, Luiz Antônio da. *Dos Recursos em Geral e Dos Processos para Declaração de Direitos*. Rio de Janeiro: A. Coelho Branco, 1940.

COUTURE, Eduardo J. *Fundamentos do Direito Processual Civil.* São Paulo: Saraiva, 1946.

——. *Fundamentos del Derecho Procesal Civil.* Montevidéu: Depalma, 3ª ed., 1993.

CUENCA, Humberto. *Processo Civil Romano.* Buenos Aires: 1957.

DIAS, Maria Berenice. *O Terceiro no Processo.* Rio de Janeiro: Aide Editora, 1993.

DINAMARCO, Cândido R. *Litisconsórcio.* São Paulo: Revista dos Tribunais, 2ª ed., 1986.

——. *Fundamentos do Processo Civil Moderno.* São Paulo: Revista dos Tribunais, 2ª ed., 1987.

D'ONOFRIO, Paolo. *Appello.* In: Novissimo Digesto Italiano. Editrice Torinese.

FABRÍCIO, Adroaldo Furtado. *Extinção do Processo e Mérito da Causa.* v. 58, Revista de Processo.

FONSECA, Antonio Cézar Lima da. *Os Recursos nos Processos Civil e Penal - Visão Sistemática.* v. 71, Revista de Processo, 1993.

FREITAS, Juarez. *A Interpretação Sistemática do Direito.* São Paulo: Malheiros, 1ª ed., 1995.

FREIRE, Laudelino. *Grande e Novíssimo Dicionário da Língua Portuguesa.* v. I, Rio de Janeiro: Livraria José Olympio, 2ª ed., 1954.

FROCHAM, Manuel Ibañez. *Los Recursos en el Proceso Civil.* Buenos Aires: Ed. Sociedad Bibliográfica Argentina, 1943.

GIORGIS, José Carlos Teixeira. *Notas sobre o Agravo.* Coletânea: Inovações do Código de Processo Civil, Porto Alegre: Livraria do Advogado,1996.

GOLDSCHMIDT, James. *Derecho Procesal Civil.* Editorial Labor S.A, 1936.

GRECO FILHO, Vicente. *Direito Processual Civil Brasileiro.* v. 2, São Paulo: Saraiva, 1995.

GRINOVER, Ada Pellegrini, CINTRA, Antonio Carlos de Araújo & DINAMARCO, Cândido R. *Teoria Geral do Processo.* São Paulo: Revista dos Tribunais, 5ª ed., 1985.

GUIMARÃES, Luiz Machado. *Limites Objetivos do Recurso de Apelação.* Rio de Janeiro, 1962.

HOMEM DE SÁ, Carlos e SOUTO, Alfredo Pinto do. *Recursos - Regime Jurídico dos Recursos no Código de Processo Civil.* v. I, Lisboa: Livraria Morais, 1944.

JANSEN, Letácio. *Notas sobre os Recursos no Processo Civil e Comercial Brasileiro.* Rio de Janeiro: Forense, 1ª ed., 1960.

LACERDA, Galeno. *Comentários ao Código de Processo Civil*. v. VIII, Rio de Janeiro: Forense, tomo I, 1980.

——. *Despacho Saneador*. Porto Alegre: Fabris, 1985.

——. *O Novo Direito Processual Civil e os Efeitos Pendentes*. Rio de Janeiro: Forense, 1974.

LIEBMAN, Enrico Tullio. *Manuale di Diritto Processuale Civile II*. v. II, Milano: Dott. A. Giuffrè Editore, 1984.

——. *Problemi del Processo Civile*. Milano: Morano Editore, 1962.

LIMA, Alcides de Mendonça. *Efeito da Apelação na Jurisdição Voluntária*. v. 29, Revista AJURIS, 1983.

——. *Introdução aos Recursos Cíveis*. São Paulo: Revista dos Tribunais, 1976.

LOPES DA COSTA, Alfredo de Araújo. *Manual Elementar de Direito Processual Civil*. Rio de Janeiro: Revista Forense, 1956.

LOUREIRO, Antônio Fernandes Trigo de. *Manual de Apelações e Agravos*. Rio de Janeiro: Eduardo & Henrique Laemmert, 1872.

LUGO, Andrea. *Manuale di Diritto Processuale Civile*. Dott. Milano: A. Giuffrè Editore, 1961.

MANCUSO, Rodolfo de Camargo. *Recurso Extraordinário e Recurso Especial*. São Paulo: Revista dos Tribunais, 3ª ed., 1993.

MARQUES, José Frederico. *Manual de Direito Processual*. v. III, São Paulo: Saraiva, 6ª ed., 1982.

MENDEZ, Francisco Ramos. *Derecho Procesal Civil*. José Maria Bosch Barcelona: Editor S. A., Tomo II, 1992.

NERY JÚNIOR, Nelson. *Fundamentação da Apelação como Requisito de Admissibilidade. Revista de Processo*. v. 18.

——. *Intervenção do Ministério Público nos Procedimentos de Jurisdição Voluntária*. v. 135, Revista Justitia, jul/set.,1986.

——. *Atualidades sobre o Processo Civil*. São Paulo: Revista dos Tribunais, 1996.

——. *Princípios Fundamentais - Teoria Geral dos Recursos*. São Paulo: Revista dos Tribunais, 2ª ed., 1993.

——. *Princípios do Processo Civil na Constituição Federal*. São Paulo: Ed. Revista dos Tribunais, 1992.

NIGIDO, Alfonso. *I Poteri del Giudice di Appello - In Relazione alla Sentenza di Prima Istanza*. Padova: Casa Editrice Dott. Antonio Milani, 1938.

NORTHFLEET, Ellen Gracie. *Utilização do Fax no Poder Judiciário*. v. 728, São Paulo: Revista dos Tribunais, 1996.

OLIVEIRA, Carlos Alberto Álvaro de. *Alcance e Natureza da Tutela Antecipatória*. In:Revista Ajuris, nº 66, Porto Alegre,1996.

OLIVEIRA E CRUZ, João Claudino. *Do Recurso de Apelação*. Rio de Janeiro: Forense, 1949.

ORESTANO, Riccardo. *Appello*. In: Novissimo Digesto Italiano. Editrice Torinese.

PACHECO, José da Silva. *Direito Processual Civil*. v. 1, São Paulo: Saraiva, 1976.

PONTE, José Miramar da. *Do Direito de Recorrer*. Imprensa Universitária do Ceará, 1958.

PONTES DE MIRANDA. *Comentários ao Código de Processo Civil (1939)*. v. V, Rio de Janeiro: Forense, 1949.

———. *Comentários ao Código de Processo Civil - Dos Recursos*. São Paulo: Forense, Tomo VII, 1975.

PORTO, Sérgio Gilberto. *Recursos: reforma e ideologia*. Coletânea Inovações do Código de Processo Civil. Porto Alegre: Livraria do Advogado, 1996.

REIS, Alberto dos. *Código de Processo Civil Anotado*. v. V., Coimbra: Coimbra Editora, LIM. 1952.

REZENDE FILHO, Gabriel de. *Curso de Direito Processual Civil*. V. 3, São Paulo: Saraiva, 1963.

SANTOS, Ernane Fidélis dos. *Manual de Direito Processual Civil*. v. 1., São Paulo: Saraiva, 1994.

———. *Os Recursos no Direito Processual Civil Brasileiro (Noções Gerais)*. v. 14, Revista do Curso de Direito da Universidade Federal de Uberlândia, Fascículo 1, 1985.

SANTOS, J. M. de Carvalho. *Recursos (Processo Civil)*. In Repertório Enciclopédico do Direito Brasileiro. V.45, s/d.

SANTOS, Moacyr Amaral. *Primeiras Linhas de Direito Processual Civil*. v. 3., São Paulo: Saraiva, 1979.

SANTOS, Uderico Pires dos. *Teoria e Prática dos Recursos Ordinários Cíveis*. Rio de Janeiro: Forense, 1977.

SILVA, José Milton da. *Dos Recursos no Direito Processual Civil*. Rio de Janeiro: Forense, 2ª ed., 1991.

SILVA, Ovídio A. Baptista da. *Curso de Processo Civil*. v. I, Porto Alegre: Sérgio Antonio Fabris Editor, 1987.

SILVA, Ovídio A. Baptista da; MACHADO, L. Melíbio Uiraçaba; GESSINGER, Ruy Armando e GOMES, Fábio Luiz. *Teoria Geral do Processo Civil*. Porto Alegre: Letras Jurídicas Editora Ltda., 1983.

SIQUEIRA, Galdino. *Tratado de Direito Penal*. Rio de Janeiro: José Konfino, tomo I, 1947.

SOARES, Fernando Luso. *Processo Civil de Declaração*. Coimbra: Livraria Almedina, 1985.

TAWIL, Guido Santiago. *Recurso Ordinario de Apelación ante la Corte Suprema de Justicia*, Buenos Aires: Depalma, 1990.

TEIXEIRA, Sálvio Figueiredo. *Código de Processo Civil Anotado*. São Paulo: Saraiva, 1996.

THEODORO JÚNIOR, Humberto. *Curso de Direito Processual Civil*. v. I, Rio de Janeiro: Forense, 3ª ed., 1991.

TUCCI, José Rogério Cruz. *Breves anotações sobre a 'Restitutio in integrum' e o Processo Acusatório Romano*, In: Revista Justitia, v. 122.

TUCCI, Rogério Lauria. *Curso de Direito Processual Civil*. v. 3, São Paulo: Saraiva, 1989.

VERGARA, Osvaldo. *Processo Civil e Comercial do Estado do Rio Grande do Sul*. Porto Alegre: Livraria do Globo, 3ª ed., 1936.

ZAVASCKI, Teori Albino. *Antecipação da tutela e colisão dos direitos fundamentais*. In: Coletânea "Reforma do Código de Processo Civil", São Paulo: Saraiva, 1996.

FONE: (051) 472-5899
CANOAS - RS
1997